JN233913

レポート・論文の書き方 上級 改訂版

櫻井 雅夫

慶應義塾大学出版会

まえがき

　この本は、主として文系の大学と大学院の学生を対象に、論文やレポートを書く際に必要最低限の約束ごとをマニュアルふうに整理したものである。また、これから海外の大学や大学院に進もうという学生にもマニュアルとして使えるように配慮をしている。

　この本の基になったのは、私が本務校（慶應義塾大学、当時）でこれまで学生たちに頒布してきた簡単な手引である。今回、その内容を全面的に充実させて公刊することにしたものである。巻末にリストした類書の内容とはできるだけ重複しないよう、随所に特色を持たせている。

　正直のところ、私自身は決して論文書きの名手でもないし、名文家でもない。素敵な論文を書く法という類いの本は巻末にリストしたので、それを参考にしていただきたい。

　このマニュアルを書いた主な理由は次の2点である。第1は、執筆のさいの約束ごとを無視した論文を何とかしたいということである。いまの学生は、大学院生を含め、パソコンやワープロを使って一見立派なものを作る才能を持っている。しかし、論文執筆のルールが守れるとは限らないのである。

　第2は、論文の指導とはべつに、文献の引用の仕方の訓練をしたいということである。じつは、この本の主な目的はこの第2の点にある。指導教授が必ずしも論文のスタイルや引用のルールを知っているとは限らない。学生がルールを知らないのは、教師が教えないからである。

　この本では文献の引用方法などについて細かいルールを紹介している。もっとも、私自身が自分の著書や論文の中でそのルールを完全に守っているわけではない。出版社が独自の基準で手を入れる場合もある。かりにルールを守ったつもりでも、印刷の段階で各頁、各行のレイアウトの都合や校正漏れでルールが壊れるときもある。

　というわけで、この本はあくまでもひとつの手がかりとして利用していただくものと考えている。

さいごに、この本の刊行について相談に乗ってくださった慶應義塾大学出版会の坂上弘社長、同営業部の小林敏さん、またたくさんの細かい指示を聞き入れてくださった同編集部の村山夏子さんに心から感謝の意を表したい。

　平成10年9月

櫻 井 雅 夫

改訂版によせて

　初版は学生から研究者にいたるまで大勢の方々から支持を得た。さらに多数の大学と大学院で教材ないし参考書に指定され、著者としては大きな責任を背負い込むことになった。このため、増刷の折に多少の加筆を行なってきたが、今回は全体を見直すこととした。まず旧版の第1部（論文執筆の基礎）を縮小してこれを類書に任せ、次に第2部（論文の体裁）を拡充することとした。とくに第2部では、①アメリカの代表的な論文作成マニュアルの内容を初版のとき以上に紹介し、②インターネット、CD-ROMおよびディスケットの収録資料情報を使用した場合の引用方法等について説明し、最後に③詳細な記述サンプル集を収録した。

　索引は収録していないが、詳細な目次でそれに代えたつもりである。

　平成15年8月

櫻 井 雅 夫

目　次

まえがき

第1部　論文執筆の基礎

Ⅰ　執筆前の心がまえ …………………………………………3
Ⅱ　論文の性格 …………………………………………………5
1　論文とは …………………………………………………5
2　レポート …………………………………………………6
3　論じることと説明すること ……………………………7
4　論文の目的 ………………………………………………7
5　論文の特質 ………………………………………………8
(1) 論文のネガティブリスト ………………………………8
(2) 論文の論理性 ……………………………………………8
(3) 権威典籍 …………………………………………………8
6　論文の表現 ………………………………………………9

Ⅲ　論文作成の準備 ……………………………………………11
1　論文の形態 ………………………………………………11
2　論文の性格 ………………………………………………12

Ⅳ　執筆の手順 …………………………………………………13
1　問題の発掘 ………………………………………………13
2　分析手法の選択 …………………………………………13
(1) 演繹的手法 ………………………………………………13
　ⅰ　問題の発掘 ……………………………………………14
　ⅱ　分析枠組み・理論枠組みの構築または仮説の設定 ………14
　ⅲ　分　析 …………………………………………………14
　ⅳ　結　論 …………………………………………………14
(2) 帰納的手法 ………………………………………………15
　ⅰ　諸問題の発掘 …………………………………………15

　　　　ii 当該諸問題の分析 …………………15
　　　　iii 当該分析結果からの帰納 …………15
　　　　iv 結　論 ………………………………15
　　(3)「起承転結」について …………………15
　3　構　成 ………………………………………16
Ⅴ　資料の収集 …………………………………………17
　1　図書館・メディアセンターの利用の仕方 ………17
　2　資料の量と質 ………………………………………17
　　(1) 量 …………………………………………17
　　(2) 質 …………………………………………18
　3　資料操作の手順 ……………………………………18
　　(1) 既存の文献を収集する …………………18
　　　　i ブック・フォームの文献目録・索引 ……18
　　　　ii コンピュータによる検索 ……………19
　　　　iii その他 …………………………………19
　　　　iv カード化のすすめ ……………………20
　　(2) 資料を分析する …………………………22
　　(3) 分析結果を蓄積する ……………………22
　　(4) 蓄積したものから検索する ……………22
　4　実態調査 ……………………………………………22
Ⅵ　文献引用の仕方 ……………………………………25
　1　カタロギング・ルール ……………………………25
　2　カタログ ……………………………………………25
　　(1) カード・フォーム・カタログ …………25
　　(2) ブック・フォーム・カタログ …………26
　3　文献引用・参考文献リストアップの仕方 ………26
　　(1) 日本語文献 ………………………………26
　　　　i 図　書 ……………………………………26
　　　　ii 論　文 ……………………………………26
　　　　iii 新聞記事 ………………………………27

　　　　　iv 邦訳書 …………………………………27
　　　　(2) 外国語文献 ……………………………27
Ⅶ　注の位置 …………………………………………29
Ⅷ　最低限必要な専門語 ……………………………31
　　(1) 「同書」、"*Ibid.*" ………………………………31
　　(2) 「前掲書」、"*op. cit.*" …………………………31
　　(3) 頁づけ …………………………………………31
　　(4) 出版年 …………………………………………32
　　(5) 頻繁に使用する英語、ラテン語の略語 ……32
Ⅸ　イタリック体とアンダーライン ………………33
　　1　一般的な基準 …………………………………33
　　2　文献標記の基準 ………………………………34
Ⅹ　手書きか、パソコン、ワープロか ……………35
Ⅺ　誤字・脱字・変換ミス・校正洩れ ……………37
Ⅻ　印刷・製本 ………………………………………39

第2部　論文の体裁

Ⅰ　はじめに …………………………………………43
Ⅱ　論文の構成 ………………………………………45
　　1　前　文 …………………………………………45
　　2　本　文 …………………………………………47
　　3　本文中の図表 …………………………………48
　　4　参考事項（後文）……………………………48
Ⅲ　論文の見出し番号 ………………………………51

- Ⅳ 略　語 …………………………………………………… 55
- Ⅴ 引用文献の標記方式 ………………………………… 65
  - 1 カタロギングとの違い ……………………………… 65
  - 2 引用方式 1 － 括弧方式 …………………………… 69
    - (1) 括弧方式の引用例 ……………………………… 71
      - ⅰ 単著の場合 ………………………………………… 71
      - ⅱ 共著の場合 ………………………………………… 72
      - ⅲ べつの著者が翻訳した著書の場合 ……………… 74
      - ⅳ 同一著者の多数文献 ……………………………… 74
      - ⅴ 著者不明(出版年も不明)の場合 ………………… 74
      - ⅵ 著者に相当する団体などの標記 ………………… 74
      - ⅶ 著者に相当する編者または編纂者がいる場合 … 74
      - ⅷ 著作集の場合 ……………………………………… 74
      - ⅸ 総合のタイトルと編者による多数巻の中で個々の
タイトルを持つ巻の場合 ………………………… 74
      - ⅹ 総合のタイトルと1人の著者による多数巻の中で
個々のタイトルを持つ巻の場合 ………………… 75
      - ⅺ シリーズ(双書)の中の著書の場合 ……………… 75
      - ⅻ 編者がいるシリーズ(双書)の中の著書の場合 … 75
      - xiii ペーパーバック・シリーズの場合 …………… 75
      - xiv 復刻版の場合 …………………………………… 75
      - xv 英語以外の図書に英語を補足する場合 ………… 75
      - xvi 和書に英語を補足する場合 …………………… 75
      - xvii べつの著者の著作の一部分の場合 …………… 76
      - xviii 1人の著者の著作の一部分の場合 …………… 76
      - xix 書簡・インタビューの場合 …………………… 76
      - xx 学術雑誌の場合 ………………………………… 76
      - xxi 新聞記事の場合 ………………………………… 76
      - xxii (日米)政府刊行物の場合 ……………………… 76
      - xxiii インターネットを使用した場合 ……………… 77
      - xxiv CD-ROM、ディスケット等を使用した場合 … 77

(2) 番号を利用する方法 ……………………………………77
　　(3) 巻末引用文献リスト作成の約束ごと ………………………77
　　　　ⅰ 単著の場合 ……………………………………………77
　　　　ⅱ 共著の場合 ……………………………………………81
　　　　ⅲ べつの著者が翻訳した著書の場合 ……………………82
　　　　ⅳ 同一著者の多数文献 …………………………………84
　　　　ⅴ 著者不明(出版年も不明)の場合 ……………………84
　　　　ⅵ 著者に相当する団体などの標記 ……………………84
　　　　ⅶ 著者に相当する編者または編纂者がいる場合 ………85
　　　　ⅷ 著作集の場合 …………………………………………85
　　　　ⅸ 総合のタイトルと編者による多数巻の中で個々の
　　　　　　タイトルを持つ巻の場合 ……………………………85
　　　　ⅹ 総合のタイトルと1人の著者による多数巻の中で
　　　　　　個々のタイトルを持つ巻の場合 ……………………86
　　　　ⅺ シリーズ(双書)の中の著書の場合 …………………86
　　　　ⅻ 編者がいるシリーズ(双書)の中の著書の場合 ………86
　　　　ⅹⅲ ペーパーバック・シリーズの場合 …………………86
　　　　ⅹⅳ 復刻版の場合 ………………………………………86
　　　　ⅹⅴ 英語以外の図書に英語を補足する場合 ……………87
　　　　ⅹⅵ 和書に英語を補足する場合 …………………………87
　　　　ⅹⅶ べつの著者の著作の一部分の場合 …………………87
　　　　ⅹⅷ 1人の著者の著作の一部分の場合 …………………87
　　　　ⅹⅸ 書簡・インタビューの場合 …………………………87
　　　　ⅹⅹ 学術雑誌・総合雑誌の論文・記事の場合 …………88
　　　　ⅹⅹⅰ 新聞記事の場合 ……………………………………91
　　　　ⅹⅹⅱ (日米)政府刊行物の場合 …………………………92
　　(4) インターネットで入手した資料の場合 ……………………93
　　(5) CD-ROM、ディスケット等を使用した場合 ………………97
　3 引用方式2－脚注、巻末注/後注/尾注 …………………………98
　　(1) 全　般 ………………………………………………………98
　　　　ⅰ 脚注の利点 ……………………………………………98

ⅱ 本文における注の番号の位置 ……………………98
　　　ⅲ 注の位置 ……………………………………………98
　　　ⅳ 注のなかの略語使用、省略 ………………………99
　(2) 図書から引用する場合の約束ごと ……………………101
　　　ⅰ 全　般 ……………………………………………101
　　　ⅱ 著者名 ……………………………………………103
　　　ⅲ タイトル …………………………………………107
　　　ⅳ 版表示 ……………………………………………109
　　　ⅴ 編者名、訳者名、編纂者名 ……………………109
　　　ⅵ まえがき、はしがき、序文などの執筆者名 ………110
　　　ⅶ 出版事項（出版情報） …………………………111
　　　ⅷ 頁づけと巻数 ……………………………………115
　(3) 図書からの引用例 ………………………………………117
　　　ⅰ 単著の場合 ………………………………………117
　　　ⅱ 共著の場合 ………………………………………117
　　　ⅲ 双書（叢書、シリーズ）の場合 …………………118
　　　ⅳ 編者がいるシリーズ（双書）の中の著書の場合 ……120
　　　ⅴ ペーパーバック・シリーズの場合 ………………120
　　　ⅵ 多数巻の文献の場合 ……………………………120
　　　ⅶ 著者に相当する編者または編纂者がいる場合 ……122
　　　ⅷ 著者に相当する団体などの標記 ………………122
　　　ⅸ 著者不明（出版年も不明）の場合 ………………122
　　　ⅹ べつの著者が翻訳した著書の場合 ……………122
　　　ⅺ 著作集の場合 ……………………………………123
　　　ⅻ 復刻版の場合 ……………………………………123
　　　ⅹⅲ 英語以外の図書に英語を補足する場合 …………123
　　　ⅹⅳ 和書に英語を補足する場合 ……………………123
　　　ⅹⅴ べつの著者の著作の一部分の場合 ……………124
　　　ⅹⅵ 1人の著者の著作の一部分の場合 ……………124
　(4) 学術雑誌・総合雑誌の論文を引用する場合の約束
　　　ごとと引用例 ………………………………………124

(5) 学位論文その他の場合 …………………………………127
(6) 雑誌記事、新聞記事などの場合 ……………………128
(7) 政府刊行物の場合 …………………………………………129
(8) 法律関係資料の場合 ………………………………………130
　　ⅰ 日本の場合 …………………………………………130
　　ⅱ アメリカの場合 ……………………………………132
(9) 二次資料からの引用 ………………………………………135
(10) インターネットで入手した資料の場合 …………………135
(11) CD-ROM、ディスケット等で入手した資料の場合 …136
(12) 2回目以降の引用 …………………………………………136
(13) 相互参照 ……………………………………………………138
(14) 脚注方式の場合の巻末引用文献リスト標記例 ………139
　　ⅰ 単著の場合 …………………………………………139
　　ⅱ 共著の場合 …………………………………………140
　　ⅲ 著者不明(出版年も不明)の場合 …………………140
　　ⅳ 著者に相当する団体などの標記 …………………141
　　ⅴ 著者に相当する編者または編纂者がいる場合 …141
　　ⅵ べつの著者が翻訳した著書の場合 ………………141
　　ⅶ 著作集の場合 ………………………………………141
　　ⅷ 総合のタイトルと編者による多数巻の中で個々の
　　　 タイトルを持つ巻の場合 …………………………141
　　ⅸ 総合のタイトルと1人の著者による多数巻の中で
　　　 個々のタイトルを持つ巻の場合 …………………142
　　ⅹ シリーズ(双書)の中の著書の場合 ………………142
　　ⅺ 編者がいるシリーズ(双書)の中の著書の場合 …142
　　ⅻ ペーパーバック・シリーズの場合 ………………142
　　ⅹⅲ 復刻版の場合 ………………………………………143
　　ⅹⅳ 英語以外の図書に英語を補足する場合 …………143
　　ⅹⅴ 和書に英語を補足する場合 ………………………143
　　ⅹⅵ べつの著者の著作の一部分の場合 ………………143
　　ⅹⅶ 1人の著者の著作の一部分の場合 ………………143

        xviii 学術雑誌の場合 ……………………………144
        xix 新聞記事の場合 ………………………………144
        xx （日米）政府刊行物の場合 …………………144
        xxi インターネットで入手した資料の場合 ………145
        xxii CD-ROM、ディスケットで入手した資料の場合…146
Ⅵ 文献目録（ビブリオグラフィー）の作り方……147
    1 文献目録とは …………………………………147
    2 ビブの形態と文献の分類 ……………………147
    3 ビブの記述と注の記述の違い ………………148
        (1) 基本的な違い ………………………………148
        (2) ビブの基本フォーム ………………………148
        (3) ビブ作成上の留意点 ………………………151
    4 著者名の排列 …………………………………152
    5 同一著者の文献を列挙する場合 ……………158
Ⅶ 記述サンプル集 …………………………………163
    1 図　書 …………………………………………163
        (1) 単　著…………………………………………163
        (2) 2人の共著……………………………………166
        (3) 3人の共著 …………………………………166
        (4) 4人以上の共著 ……………………………167
        (5) 著者不明（出版年も不明）…………………167
        (6) 著者に相当する団体など …………………168
        (7) 著者に相当する編者または編纂者 ………169
        (8) べつの著者が翻訳した著書 ………………169
        (9) 著作集の著書 ………………………………170
        (10) 総合のタイトルと編者による多数巻のなかで
             個々のタイトルをもつ巻 ……………………170
        (11) 総合のタイトルと1人の著者による多数巻のなかで
             個々のタイトルをもつ巻 ……………………171
        (12) シリーズ（双書）のなかの著書 …………172

        (13) 編者がいるシリーズ（双書）のなかの著書 ………… 172
        (14) ペーパーバック・シリーズ ……………………………… 173
        (15) タイトルのなかのタイトル ……………………………… 174
        (16) 復刻版 ……………………………………………………… 174
        (17) 著者名のある序文つきの図書 …………………………… 175
        (18) 英語以外の図書に英語を補足するもの ………………… 175
        (19) 和書に英語を補足するもの ……………………………… 176
        (20) べつの著者の著作の一部分 ……………………………… 176
        (21) 1人の著者の著作の一部分 ……………………………… 177
        (22) 会議提出ペーパー（公刊）……………………………… 177
        (23) 年鑑・年報 ……………………………………………… 178
    2　学術雑誌・専門誌 ……………………………………………… 179
    3　百科事典の項目 ………………………………………………… 180
        (1) 署名入りの項目 …………………………………………… 180
        (2) 無署名の項目 ……………………………………………… 181
    4　新聞記事 ………………………………………………………… 181
    5　書　評 …………………………………………………………… 182
    6　書簡・インタビュー（非刊行）……………………………… 183
    7　学位論文 ………………………………………………………… 183
    8　議会・政府刊行物 ……………………………………………… 184
    9　国際機関刊行物 ………………………………………………… 185
    10　インターネット、CD-ROMで入手した資料 ……………… 188

主要文献リスト …………………………………………………… 191

資　　料
資料1　論文の体裁 ………………………………………………… 205
　　(1)横書きの場合 ……………………………………………… 205
　　　　ⅰ 日本語の場合 …………………………………………… 205
　　　　　①慶應義塾大学文学部の例 …………………………… 205
　　　　　②慶應義塾大学大学院政策・メディア研究科の例 … 207

　　　　③慶應義塾大学法学部の例……………………………212
　　　　④東京大学法学部教員による論文の例…………218
　　　ⅱ英語の場合……………………………………………220
　　　　①シカゴ・マニュアルの例……………………………220
　　　　②ＭＬＡハンドブックの例……………………………223
　　　　③括弧方式の例…………………………………………225
　　　　④脚注方式の例…………………………………………227
　　(2)縦書きの場合………………………………………………228
　　　ⅰ慶應義塾大学大学院法学研究科の例……………228
　　　　①学位請求論文作成について………………………228
　　　　②『法学政治学論究』について　……………………231
　　　ⅱ慶應義塾大学法学部『法学研究』の特定論文の例…237
　　　ⅲ慶應義塾大学文学部の例……………………………239
　　　ⅳ早稲田大学出版部編『卒論・ゼミ論の書き方』の例…240
資料２　ユネスコ雑誌名略語リスト（抜粋）　………………241
資料３　コロンビア、ハーバード、ペンシルバニア、エール大学
　　　　共通『ブルーブック』雑誌略語リスト（抜粋）…………242
資料４　ユネスコ『国際文献目録－政治学』（抜粋）　………243
資料５　『経済学文献季報』（抜粋）　……………………………244

1部 論文執筆の基礎

I　執筆前の心がまえ

　まず、論文の執筆に入る前に必要な心がまえを記しておく。
　第1に、文科系の学生は二十歳前後に一般教養を身につけること。コンピュータの勉強などは必要最小限にとどめ、あとは古典や名著を読んだり外国語を勉強したりすることになる。専門分野の勉強は多少遅れても慌てることはない。感受性豊かなこの年令期に人文科学や社会科学の基礎を仕込み、知識の体系的把握に努めていく。そうすれば、例えば社会現象のなかにひとつでも法則性を発見していくという真摯な態度が自然に醸成されてくるはずである。
　第2に、いきなり資料にとびつかず、理論武装をすること。論文というものは、無節操な軽評論でもないし雑学の開陳でもない。論文は、あくまでも一定の約束ごとに従って作成するものである。譬えて言えば、磨ぎ師が包丁を磨ぎすまし、それから調理師が自分の力量で吟味して集めた材料をその包丁で料理することである。刃こぼれのした包丁、磨ぎ終わっていない包丁を使っても上等な料理はできるはずがない。また、どれほど研ぎすました包丁を使っても、集めた材料が吟味されていなければ、これも上等な料理にはならない。論文もこれと同じことで、方法論のしっかりしていないもの、問題を摑んでいないもの、分析手法が固まっていないもの、データの吟味が足りないものなどは、評価に値しない。
　第3に、論文の作成に備えて基礎の勉強を怠らず、また勉強したものを十分に引き出し、納得した限りで素直に書くこと。譬えて言えば、木造の家を建てるとき、まず土木屋が地固めをし、石とセメントと鉄筋で基礎工事をして、それから大工が家を建てる。この際、角々の柱をしっかりと決める。地固め、基礎工事や柱のいい加減な家は必ず倒壊する。論文も同じで、基礎的な勉強をなおざりにして格好をつけただけの書き物は紙屑になりかねない。

以上をまとめると、次のようになる。

◆基礎固めを大切にすること ——基礎の弱いものはすぐ崩れ、大けがにつながる。

◆物知りになることと学問をすることの違いを認識すること ——単なる物知りが論文を書けるわけではない。そこからどのような法則性を発見できるかが問題なのである。

◆論文と軽評論を混同しない ——論文は学術的なものであり、啓蒙記事ではない。論文は学問業績となるが、ルールを守らない軽評論などは学問の府と関係がない。

◆慢心を捨てること ——確信をもって勉強に取り組むのはよいが、謙虚さのない自信家は学問・論文の執筆に向かない。

◆派手な書き方をしないこと ——若者が修辞的な（rhetorical）ものを書いても、読みにくい。静かで平易（plain）な表現のほうが都会的でスマートである。

II 論文の性格

1 論文とは

　論文の論という字は、「言」と順序だてることを示す「侖」から成り立ち、そのもとの意味は、筋道を立てて述べるとか、是非を定め適否を決するということである。

　したがって、論文とは「①論議する文、②理義を論じきわめる文」（岩波『広辞苑』）、「①ある事物について理論的な筋道を立てて説かれた文章、②学術的な研究成果を理論的に述べた文章」（三省堂『大辞林』）、「ある事についての自分の考えを述べて論議する文」（同『広辞林』）ということになる。また、「論文は、それぞれの学問分野で専門の研究者によって書かれるもので、その著者が自分の研究で得た結果を報告し自分の意見をのべたものであり、それによってその学問分野に新知見をもたらすものである」とも言われる（八杉龍一　1975年，16-17頁）。

　さらに、論じるという言葉のなかには、事理を説明することというのが含まれていると言われる。しかし、説くというのは、「物事を分けて明らかにする」ことであり、必ずしも論じているわけではない。論じるという場合には、自分の意見をもって言い争うことを指し、説明するというのは叙述的に、デスクリティブ（descriptive）に記すことを指すものと考えたほうがよい。

　他方、論文は「論策を記した文」だとする意見もある。この場合、論策というのは「時事問題などの方策を論じた文章」のこととされているから、時事問題をとりあげること自体が卒業論文や学位論文として適当なのかといった問題が生じる。かりに研究対象になり得たとしても、こんどは方策というものが論文の対象となるのかといった基本的な問題が生じる。この種の書き物では課題の分析と結論の明確化にあたってどのような方法論を用いてどのような調査研究手続を踏むのかがよくわから

ない。この点が曖昧なままの書き物は、たとえ執筆者が「政策指向型論文」と銘打ったとしても、実質的には論文とはなり得ないものである。時事問題をとりあげる場合には、基本的な勉強がすべての決め手となるのであり、それを軽視した書き物は決して「論策を記した文」になり得ないのである。

　重要なことは、第1にそれが調査研究の業績や結果だということ、第2にそれは結論に到達する調査研究手続を明らかにしたものだということである。そうなると、これこれこうすべきであるというような政治家の主張や軽評論家の印象批評の類いは、いかに名文であっても、そこに主張開陳に至るまでの手続を明示しないのであれば、それは論文とは言わないということになる（早稲田大学出版部編　1984年，18-19頁）。そういう意味では、総合雑誌などに掲載されている「論文」なるものの多くは学術論文というよりは評論とよばれるものかもしれない。これらの評論は、一般に「何らかの具体的な問題についての意見や主張を述べる言論」のことである（斉藤孝　1988年，5-6頁）。

2　レポート

　これに対して、レポートというのは、「研究・調査の報告書。学術研究報告書。新聞・雑誌・放送などで、現地からの状況を報告すること。また、その報告」のこととされている（『大辞林』；木下是雄　1990年，1頁）。すなわち、レポートはあくまでも何かに関する報告である。ある事柄、ある事実、ある学説について、自分が知り得たことを報告するものである。これはこうであるという、自己の創意を含まない事実の報告である。それも研究かもしれないが、あくまでも研究の一端であって論文ではない（早稲田大学出版部編　1984年，19-20頁）。

　以上の説明によれば、小論文は論文ではなくレポートであるとか、レポートは小論文であるということになるかもしれない。しかし、レポートが論文作成のルールを守っていないのであれば、それはあくまでもレ

ポートであって小「論文」とは考えられない。

3 論じることと説明すること

　こう見てくると、論文は論じるものであり、レポートは説明するもの、クリティカル（critical）でなくデスクリプティブ（descriptive）に記述するものであるともいえる。しかし、そうはいっても、論文とかレポートとかいう表現は、それを使う人によってちがった意味を持つ場合がある。たとえば、大学の期末試験には、教室で答案を書く方法と、「レポート」を提出する方法がある。形式と分量からいえば「レポート」は、論文の範疇に属するものである。学生側が、レポートという言葉を信じてデスクリプティブな記述のものを提出すると、教員側はそうでないクリティカルなものを期待している場合もある。レポート提出といいながら、「○○について論ぜよ」という課し方をすることがある。「説明せよ」と書いてあるわけではないから、この場合には学務上の用語としてのレポートという言葉にまどわされず、「論文」を提出するのが正しい対処といえる。「○○について」というような課し方では、論じてほしいのか説明してほしいのかが益々わからなくなるから、担当者に出題の真意を確かめたほうがいい。

4 論文の目的

　ひとことで論文といっても、いろいろなものがある。学会誌、学術雑誌、研究所機関誌、総合雑誌などに掲載される書き物が代表的である。学生の書く物に限っても、卒業論文、ゼミナール論文、修士論文、博士論文などさまざまある。論文と名乗らなくても論文であったり、論文と銘打っても論文に値しないこともある。

　学術論文には、あくまでも学者・研究者に読んでもらうという明確な

第一義の目的がある（斉藤孝　6-7頁）。そうだとすると、論文を読む人は、原則としてその分野・関連分野の学者・研究者ということになる。曖昧な内容、曖昧な表現などをできるだけ避け、正確に精確にということになるから、いきおい硬くなり、なかには難解きわまりないものも出てくる。その道の専門家でない人、愛好家、素人といった人が読者に価しないといっているわけではないが、かれらは第二義的な存在である。こういう人たちには啓蒙書が別途用意されているとも言える。

5　論文の特質

(1) 論文のネガティブリスト

　　論文の特質は何かということについて、斉藤氏は、外国文献を参考にしながら、「何が学術論文でないか」というところから説明している（斉藤孝　7-9頁；Roth 1966, pp.8-10）。それによれば、次のような書き物は学術論文ではないということである。
　　第1に、一冊の本や一篇の論文を単に要約したもの、
　　第2に、他人の説を無批判に繰り返したもの、
　　第3に、引用を並べただけのもの、
　　第4に、証拠立てられない私見、
　　第5に、他人の業績を無断で使ったもの。

(2) 論文の論理性

　　学術論文の特質は、なによりもその論理性にある。論理を貫くことはなかなか難しいことではあるが、感情・情緒に大きく左右された結果としての書き物は学術論文になりえない。

(3) 権威典籍

　　論文によっては、傍注、割注（わりちゅう）、脚注、章末注などの注だらけのものがある。見方によっては、大げさな化粧をしたり袴（かみしも）を着て格好をつけたり

しただけの粗末な人物のようでもあり、また必要以上に学識をてらうペダンチックな書き物のようでもある。また時には、注をつけんがために注をつけているのではないかと思われるものもある。

　しかしながら、注をつける本来の意図はそのようなところにはない。自分が論文で提起した問題、その解析手法などについて示唆を得た権威のある文献、学説、判例などを注で明示する。またそれらを明示することによって先達の業績に欠けているところを発見したあと、その欠けた部分を自分の論文で論証して新しい知識や見解を提示し、調査研究を前進させる。この知識や見解が学者・研究者の間で認知されれば、これは共通の前提となってもはや論証をする必要はなくなる。そして、次に続く学者・研究者は、この先達の成果を引用して根拠づけとする形式をとり、パラダイム（paradigm）について論証する必要はなくなる。逆に言えば、パラダイムの構築に関係のない注記は、注記の意味をなさないことになる。こういうことは、学術論文を作成する上で最低限の常識である。

　かといって、引用するもの、注に使用する典籍は何でもいいというわけではない。それはあくまでも正確な内容をもつものでなければならない。

6　論文の表現

　論文の価値が、あくまでもその内容の論理性と正確さにあることは当然である。内容がすぐれていれば、多少文章表現などに問題があったとしても、その論文の価値は大して影響を受けないとも言える。また、いくら外国語や数式をちりばめ派手な表現を駆使して文章表現に工夫をしても、内容が粗末であれば結局は文字公害をもたらすだけのことである。しかし、その表現方法や表現技術が不十分なために論文の価値が十分に認めてもらえないというのであれば、もったいないことである。

　斉藤氏によれば、「論文の書き方とは、研究成果をできる限り、正確に

伝える、わかってもらうための方法を工夫すること」である（斉藤，12頁）。正統な技法はあくまでも明晰なものでなければならないということである。不器用が魅力ということもあるが、場合によりけりである。自分の技法は論文の行間に生きているからそれを読みとってほしいといったような一人よがりの態度は、学術論文では一般に通用しない。とはいえ、繰り返しの多い冗漫な文章になってもいけない。精確な内容を平易な（plain）言葉で短く書ければ、これに越したことはない。

　結局、論文というものは、自分の研究成果を正確に精確に伝えるための明晰な媒体でなければならないということになる。

III 論文作成の準備

1 論文の形態

外国の大学で学生が提出を求められるペーパーは、一般に次のように分類することができる。

- ◆レポート（Report）　報告書一般のこと。注をつけないで自分の考えを軽くまとめたものを指すこともある。作成の仕方や枚数にきまりはない。

- ◆リサーチ・ペーパー（Research paper）　注をつけた研究の裏づけのある論文一般のこと。リサーチ・ペーパーには、下記のターム・ペーパー、シーシス、ディサテーションを含めることが多い。

- ◆ターム・ペーパー（Term paper）　学部の課目ないし主専攻で提出するリサーチ・ペーパーのこと。日本語文であれば8000〜1万2000字程度を目安とする。パソコンのプリンタで打ち出せばA4で約10枚前後になる。

- ◆シーシス（Thesis）　修士論文たるリサーチ・ペーパーのこと。日本語文であれば、8万字程度を目安とする。

- ◆ディサテーション（Dissertation/Doctoral thesis）　博士論文たるリサーチ・ペーパーのこと。12〜25万字程度を目安とする。

ターム・ペーパー、シーシス、ディサテーションの三種に共通している点は、当該ペーパーで引用した文献が含まれているということである。

以上を日本の大学での用語に強いて対比すれば、次のようになる。

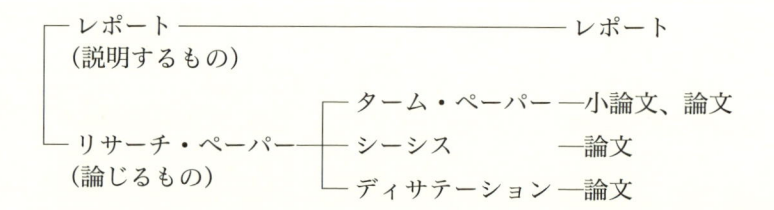

```
┌─ レポート ──────────────── レポート
│  (説明するもの)
│                  ┌─ ターム・ペーパー ─小論文、論文
└─ リサーチ・ペーパー ─┼─ シーシス       ─論文
   (論じるもの)      └─ ディサテーション ─論文
```

　もっとも、先に記したように、日本の大学では「レポート提出」と指定されてもレポートという用語は単に期末試験に代わる用語に過ぎない場合が殆どである。期末のペーパーを文字どおりターム・ペーパーとよぶ大学は限られている。実際に求められるペーパーは「レポート」ではなく論文であることが多い。

　以下では、このうちリサーチ・ペーパーの書き方を中心に説明している。

2　論文の性格

　論文は、「クリティカル」(critical) なものである。論文、小論文、レポートは、①「クリティカル」(critical/argumentative) なものと②「デスクリプティブ」(descriptive/expository) なものに大別されるが、少なくとも論文に「デスクリプティブ」なものはあり得ない。

　前者すなわちクリティカルものと後者すなわちデスクリプティブなもののどちらがすぐれているということではない。それぞれの執筆の動機や目的などが違うのである。後者すなわちデスクリプティブのレポートの積み上げから前者の論文が生まれることもある。「卒論」を残したいと思う学生は、できるかぎり前者すなわちクリティカルなものをめざすことが望ましい。

Ⅳ　執筆の手順

1　問題の発掘

　自分が関心を持った問題について、まずは先達がどのような方法でどのような成果を挙げたかを検証する。検証には、問題によっては外国語文献に当たる必要も出てくる。そして、何がすでに明らかにされていて、何がまだ解明されていないかを突きとめる。この過程で問題が鮮明になり、新しい方法論も開発できるかもしれない。学が至らない段階で先達の業績を軽視して前に進むことは、論文執筆の常道からはずれることになり、論文の価値は激減する。

　もっとも、自分の研究がパイオニア的なものでこれまでにその分野に先達の業績がないとの確信が持てたときは、アプローチの仕方もちがってくる。すなわち、この場合には自分の成果が「オリジナル」作品となって残っていくことになる。

2　分析手法の選択

　手法に「演繹」と「帰納」の２つしかないということはない。あくまでも手がかりとして紹介するまでのことである。

(1) 演繹的手法（Deductive method）

　これは、どちらかというとオーソドックスな手法である。しかし、この手法は、流動的な現代世界の諸現象の分析に適しているかどうかという点に問題がある。

i　問題の発掘

　　　まず
　　▶問題の所在を突きとめる
　　　次に
　　▶普遍的な命題から特定の命題を導き出す
　　　または
　　▶仮説を立てる

ii　分析枠組み・理論枠組みの構築または仮説の設定

　　　まず
　　▶その問題の分析の枠組み（framework）を構築するか、または
　　▶仮説立証の方法を設定する。
　　　その際には
　　▶使用する用語を定義し統一を図る。
　　学術論文では、この段階で俗語を徹底的に排除し、用語を限りなく厳密に決めておかなければならない。

iii　分　析

　　この部分は本論であり、あくまでも冷徹に論理的に、①分析ないしファクト・ファインディングをし、または②立証をする場所である。
　　ここでは上記の枠組みの中で分析するのであり、絶対にその外に出てはいけない。

iv　結　論

　　本論で分析しまたは立証したところから、自分の選んだ課題の結論を引きだす。最終結論に至らなければ、「結びに代えて」として暫定的な結論をまとめておく。結論もそれに代わるもののいずれもが欠けているものは、論文ではない。

(2) 帰納的手法（Inductive method）

この手法は、どちらかといえばある分野の現代的課題の分析には適しているが、客観的な分析の方法を開示できないために、分析という目的を達成できずに終わる可能性も秘めている。

i 諸問題の発掘

この段階では問題も設定せず命題も仮説もなく、存在する多数の事象のなかから関心のあるものを発掘する。

ii 当該諸問題の分析

分析枠組みは曖昧であり、仮説の立証もありえず、対象となった個々の事象とそれらの関係を分析する。

iii 当該分析結果からの帰納

上記の分析のなかから、ひとつ又はそれ以上の帰結を見出す。

iv 結　論

帰結から得た命題または法則性をまとめる。

(3)「起承転結」について

どのような手法をとるにせよ、体裁には「起承転結」が必要であるとする人もいる。参考までに、起承転結の例を示せば、次のようになる。

構　成	内　容	『日本人の潔癖』（長谷川如是閑）
起（前提）	前置き	日本人は、住宅様式の面では伝統的に潔癖だ。
承（発展）	説きひろげ	それを受けて、生活様式の面でも細かな神経を使った潔癖さがみられる。
転（転換）	角度を変えての説きひろげ	一転して、日本語の清潔さにふれ、その特殊性にしぼる。
結（結論）	主張して結ぶ	日本人の潔癖さから、（略）日本人全般への潔癖を希求する願いをこめて結びとする。

出所：保坂弘司，1978年．

論文は漢詩ではないので、このような構成にこだわる必要はない。その場合には、「転」を除いた「起承結」で十分ということになる。

3　構　成

論文の構成は、日本語による論文の場合は、基本的には次のようなものになる。

　　　序
　　第1部（または第1篇）
　　　第1章
　　　　第1節
　　　　　第1項
　　　　　　第1目（これは使わないことが多い）
　　　　　　　A．
　　　　　　　　1．
　　　　　　　　　a．
　　…………………
　　　第5章　………
　　　　第1節
　　…………………
　　第2部
　　　第6章（または第1章）
　　…………………

順序、記号の飛ばしなどに共通ルールがあるわけではないが、そうかといってあまり変な自己流のルールを採用するのも問題である（詳細は、本書第2部Ⅲを参照）。

Ⅴ　資料の収集

1　図書館・メディアセンターの利用の仕方

　研究分野によっては図書資料を使わないで研究成果を生み出すことも可能かもしれない。しかし、社会科学の分野では、まず図書館ないしメディアセンターで文献を漁り、その中から必要な情報を集めるのが一般的である。

　図書館ないしメディアセンターを効率的に利用するためには、レファレンス・ライブラリアン（参考係）に相談するのがよい。欧米では、国立図書館や一流大学の図書館では、学力がありかつライブラリアンシップをわきまえたレファレンス・ライブラリアンが、学生の論文の狙いをよく聞き情報と情報検索について助言を行なっている。日本でも、一部の大学ではこのようなサービスが受けられるようになってきている。

　また、図書館ないしメディアセンターによっては、学生グループに対して施設利用のためのツアーを実施している。「図書館ツアー」、「文献探索ツアー」、「オンデマンドツアー」といったものがそれである。早い段階でこのツアーに参加すれば、学生は、基本資料が国内外のどこにあるか、どうやって機械検索をするかといったことを効率的に知ることができる。なお分からないところはレファレンス・ライブラリアンや指導教員からアドバイスを受けるというようにすれば、研究効率はかなり高まることになる。

2　資料の量と質

(1)　量

　資料は余りたくさん集める必要はない。厳しいことをいえば、資料の

取捨選択は自分の学力を示すことになる。苦しいのは、問題を発見するとき、何を問題と感じるかというときである。研究者にとってはこの苦しみが何年も続くこともあるが、学生にとっては3年次の中頃から4年次の中頃までであろう。学生は3年次の初めに指導教員と或る程度は論文の方向について話をしておく。問題の把握に成功すれば、自ずと必要資料は分かってくる。

(2) 質

「権威典籍」に必ずしもこだわることはないが、信頼のおけない資料は論文には使用してはいけない。

また、いわゆる資料の「孫びき」を避け、できるかぎり「原典」にあたることが必要である。「孫びき」というのは、ある者が書いたり訳したりした文章を引用したものをさらに別の者が引用することである。「孫びき」は、原文または最初の引用者の論文のコンテクストを無視して、かれらの意図や主張を不正確にまたは誤って伝えるおそれがあり、知的財産権の侵害になるおそれもある。引用文が誤訳だったりすれば、論文は大変な害を及ぼすことになる。

誤訳の邦文、抄訳程度の書き物、盗作などを使って原典に当たらないというような基本作業を怠ると、さまざまな悲劇につながる。例えば、その盗作や誤訳を使用した者が鑑識力を問われて学位取得を不可能にしたり、盗作をした大学教授が倫理的ないし法的制裁を受けてその地位を追われたりする。

3 資料操作の手順

(1) 既存の文献を収集する（Collecting）

i ブック・フォームの文献目録・索引

アットランダムに収集することは絶対に排除されるわけではない。しかし、研究を効率的に進めるためには、内外の代表的な文献目録（bibliography）や書店の販売目録や雑誌の年別巻末索引などから系統だてて抽出するのもよい。

ii　コンピュータによる検索

　現在は、コンピュータでアメリカ LC（Library of Congress. 議会図書館）の Online Catalog を利用すれば、著者名、書名、件名（subject headings）、キーワードのいずれでも検索することができる。

　日本の国立国会図書館（NDL）の NDL-OPAC や Web-OPAC では、同館所蔵の図書や雑誌記事を検索することができる。さらに、国立情報学研究所（NII。2004年度から情報・システム研究機構の一部に）のデータベース・システム「NACSIS」の Webcat を利用すれば、日本の各大学の図書館ないしメディアセンターの所蔵状況がわかる（本書65頁参照）。他大学の資料を使用したいときは、図書館ないしメディアセンターのレファレンス係に、インターライブラリーローンについて相談をすればよい。

iii　その他

　また、*Dissertation Abstracts*（*DA.* 現在は *Dissertation Abstracts International*－*DAI*）などを見れば、外国の研究者がどこの大学でどのようなテーマでどのような論文を書き、どのような概要なのか、どのような学位を取得したかということが分かる。今では *Dissertation Abstracts* は、アメリカの OCLC（Online Computer Library Center, Inc.）の First Search に入っている（参考までに日本の主要な大学のメディアセンターや図書館では、このサーチを2年ごとの契約で購入している）。このサーチを買わずに単体で ProQuest Information and Learning Co.（旧 University Microfilm Inc.）発行の DAO（Dissertation Abstracts Ondisc）などを買っても、200万点近い論文の機械検索が可能であり、また抄録（abstracting. アブストラクティング）ではなく原文のフォトコピーも入手可能である（本書65頁参照）。

iv　カード化のすすめ

　これらの資料から収集した文献は「カード化」しておくとよい。コンピュータリゼーションの時代に逆らうようだが、カード化はなお効果的である。外国の大学では、カードの使用とカード上の要約ないし抄録が勧められている（Fry　1994年，邦訳版48-54頁；Kornhauser　1993年，訳版64頁）。カードは３インチ×５インチのものであるが（下図参照）、少し詳しい抄録をするならＢ６版のものを使うとよい。できれば同じ内容のカードを数枚作っておくとよい。論文のスケルトンに合わせて章節ごとにカードをグルーピングする場合に、同じ内容のカードが複数必要になってくるからである。

　資料をインターネットでウエブ・サイトから入手したときも、これをカード化しておくとよい。ただし、前にも記したが、インターネットで入手した資料は往々にして削除されていることがあるので、十分な注意が必要である。

（カード化の例）

125ミリ（５インチ）

75ミリ（３インチ）

櫻井雅夫
「会社の国籍－アメリカの国際投資を中心に－（1、2）」『法学研究』（慶應義塾大学）　61巻３、４号、1988年３、４月、23-59、63-89頁。

対外直接投資による国際合弁会社の国籍に関して、会社の準拠法、会社設立の準拠法のそれぞれを設立準拠法主義、本拠地法主義事項から検討し、改めて支配主義（管理主義）の重要性と再評価を指摘する。

（慶應三メ）

注：「慶應三メ」は、この雑誌が慶應義塾大学三田キャンパスのメディアセンターに所蔵されていることを示す。

> U. S. General Accounting Office. Free Trade Area of the Americas: Negotiators Move Toward Agreement That Will Have Benefits, Costs to U. S. Economy. Washington, D.C.: USGAO, 2001.
>
> (Sept. 2001)
> 〈http://www.gao.gov/new.items/d@11027.pdf〉
> (opened Oct. 10, 2001)

注：(Sept. 2001)は、電子出版年を示す。；〈http://www.gao.gov/new.items/d@11027.pdf〉は、電子住所（URL: Uniform Resource Locator）を示す。；(opened Oct. 10, 2001) は、アクセスした年月日を示す。

　B 6版のカードを使えば、抄録の字数は250〜350に増やすことができる。例えば、科学技術振興機構（JST）が発行する『科学技術文献速報』の抄録をカード化すれば、次のようになる。

> (ア)677.84/.85　b　　　　　　　　　　　　　　(イ)J91102246
> (ウ)ビニルスルホン系反応染料を用いたヤルロース染色物の光―汗複合作用による変退色とその染色堅牢度試験法 (エ)岡田安代、加藤敏子（大妻女大）、森田全三（東京農工大）：(オ)G0575A (カ)繊維製品消費科学
> (キ)(JPN)　(ク)32[4]　(ケ)171-178　(コ)('91)
> (サ)セルロース上のビニルスホン系(VS)反応染料を基質や酸素を含む水溶液中で露光して調べた光退色メカニズムに基づいて、(…略…)露光初期には酸化退色が主として起った；(シ)写図4表1参29

注：(ア) UDC 標数 (イ) 記事番号 (ウ) 論文主題名 (エ) 著者名 (オ) JST 資料番号 (カ) 掲載資料略名 (キ) 発行国 (ク) 巻号 (ケ) 頁数 (コ) 発行年 (サ) 論文要旨 (シ) 写真・図、表、参照文献の数

(2) 資料を分析する（Analyzing）

　　資料は集めただけではだめで、一定の枠組みのもとに内容を分析し、必要な箇所とそうでない箇所に分けていく。

(3) 分析結果を蓄積する（Cumulating）

　　一定の整理基準で資料を整理・蓄積し、検索に備える。分類表は、既成品では、日本のNDC、アメリカのDC、UDCなど内外の十進分類表がある。例えば、UDC（Universal Decimal Classification）によると、340という分類番号は次のような意味であることを示している。すなわち、
　　　　3　　　　→　　社会科学
　　　　3 4　　　→　　法律学
　　　　3 4 0　　→　　法学概論
　　使用する資料がそれほど多くなければ必要はないが、たくさんになってきたら、自分に最も適した分類方式を開発し、資料を蓄積していくとよい。

(4) 蓄積したものから検索する（Retrieving）

　　やはりノートに書いたものよりもカード化したものが検索には向いている。ハンドソートのパンチカードで整理したものは、もっと検索しやすい。さらに、それを上回るものはパソコンによるものであろう。

4　実態調査

　　論文作成に必要な情報は、印刷物などのほかに例えば現地実態調査、企業訪問、専門家へのインタビューなどでも得られる。例えば、製造業の国際事業活動の法律問題を研究するような場合には、図書館や研究室で「糊つぎ切り貼り」の書き物を残しても、それは実務の世界からかけ離れたものになる。やはり、現場（事務所、工場）のヒト、モノ、カネ、技術、情報という経営資源（managerial resources）のパッケージを自分の目で確かめ、そのうえで法律問題の名目と現実の乖離を確かめる。

インタビュウィーがふと漏らす話のなかから真実を摑む。こうした作業のその結果は、時には文献よりもはるかに価値のある情報になる。

　現地調査で得た1次データや情報は科学的データに整理し、さいごに調査結果を学問的成果にまでアウフヘーベン（aufheben. 止揚/揚棄）する。

V 実態調査

VI 文献引用の仕方

1 カタロギング・ルール

「文献の引用の仕方は、大体の統一がとれていれば十分で、細かいことは必要ない」という意見には、およそ賛成である。だが、そういう理屈を言う前に、文献情報整理の基本を身につけておくことが大切である。共通のルールのもとで文献情報を整理し検索しあうことは、学問を志す者のあいだでは常識であり、最低限の礼儀作法である。

ここで参考になるのは、アメリカ議会図書館（ＬＣ）、アメリカ図書館協会（ＡＬＡ）、日本図書館協会（ＪＬＡ）などのカタロギング・ルール（目録規則）である（本書巻末の主要文献リスト参照）。

2 カタログ

情報をコンピュータで整理していくことが流行っているが、手書きのカタログと機械入力による書誌データを併用すれば、情報整理の威力は増す。すべてを機械に頼るよりも手書きで情報整理をしているうちに理解が深まるということもある。

カタログには、カード・フォームのものとブック・フォームのものがある。余り大きくない書き物を計画する場合には、カード・フォーム・カタログが威力を発揮する。

(1) カード・フォーム・カタログ

カード・フォーム・カタログ（Card-form catalog）は、標準カードで整理したものである。かつての図書館閲覧用の「著者名目録」（Author catalog)、「書名目録」（Title catalog)、「件名目録」（Subject catalog)、

「分類目録」（Classified catalog）がこれに当たる。

　自分が使用する文献はカード・フォームにしておくと、検索のときや引用文献の整理、ビブリオグラフィー（Bibliography. 文献目録）作成のときにたいへん便利である。もうひと回り大きな標準カードを使うと、先述のような文献抄録（アブストラクティング）が可能になる。

(2) ブック・フォーム・カタログ

　ブック・フォーム・カタログ（Book-form catalog）は、文字どおり本のかたちにした目録である。このフォームは論文に引用箇所を注記したり、巻末にビブリオラフィーをつける際に応用したりすることができる。このカタログ作成のルールが、論文を作成するのに必要になってくる（丸山編　1986，1988年）。

3　文献引用・参考文献リストアップの仕方

(1) 日本語文献

i　図　書

　一般には、著者、書名、版表示、双書名・番号、出版事項（出版地・出版者・出版年）、頁づけ、注記の順で記述する。

　ブック・フォームで文献リストを作ったり注をつけたりするときは、記述の2行目からは「ハンギング・インデンション」（hanging indention）で揃える。すなわち、2行目以下は1行目の先頭から全角1字ないし3字程度下げて記述することになる。

ii　論　文

　執筆者名、論文名、収録雑誌名、巻号、刊行年月(日)、頁づけの順で記述する。

iii 新聞記事

　執筆者がはっきりしている場合は論文のカタロギングに準じるが、そうでないときは収録新聞名、年月日、頁づけとする。

iv 邦訳書

　原著者名（原綴）、訳書名、訳者名、出版事項（出版地・出版者・出版年）、頁づけ、（原書名）の順で記述する。

(2) 外国語文献

　記述は、基本的には上記の日本語文献の場合と同じである。図書について示せば、一般には、著者名（Author's name）、書名（Title of the book）、版表示（Edition used）、双書名（Name of series）・番号、出版事項（Publication information）－出版地〈Location/Place of publication〉、出版者〈Publisher〉、出版年〈Date of publication〉）、頁づけ（Paging/Pagination/Page numbers）、注記（annotation）などの順で記述する。ただし、カタロギング・ルールやマニュアルによって記述の順序が変わることがある。

Ⅶ　注の位置

　注を付す位置は、一般に次のいずれかである。すなわち、
　　①横書きの各頁の下 —— 本来の「脚注」(Footnotes)；
　　②章(節、項)末 —— 広義の「脚注」；
　　③巻末/文末 —— 狭義では「尾注」、「後注」、「文末注」(Endnotes)；
　　④文中 ┬ 括弧注＋巻末文献リスト (Parenthetical references)；
　　　　　└ 割注

このほかに本文のパラグラフの一番近いところに注を挿んでいく方式もある。いずれを採用するかは基本的には個人の判断であるが、大学の学事センターや指導教員や編集者が注を付す場所を指定しているときはべつである（本書巻末資料１(2)参照）。

　アメリカでは、リサーチ・レポートの場合に「括弧注＋巻末文献リスト」の方式で記述することが多い。このうち、ターム・ペーパーの場合には伝統的に脚注方式をとってきたが、今では後注方式もめだつ。

　脚注は読む者にとっては助かるが、その場合論文が完成するまで各頁の設計のことで面倒な手作業が伴う。もっとも、パソコンで仕上げる場合には、ワードプロセッサのソフトウェア（以下、「ワープロソフト」と略す。）がこの問題をほぼ解消してくれる。

　割注（わりちゅう）は、文と文の間に小さなポイントの注記を二段組みにして丸括弧に入れて割り込ませるものである（本書69頁参照）。注に番号を付す必要もなく、文の直後に注記されるので読みやすいという利点はあるが、注の数と量が多くなると却って読みにくくなるという欠点がある。

　注の位置をどのようにするにしても、論文全体で注の番号を通しにすると、執筆途中で注を削除したり新しい注を挿入したりするときに、注の番号を全部移動させなければならなくなる。いろいろな点を考慮に入れ、特別の指定がないのであれば、章末ごとにその都度注１から始めたほうが失敗のリスクを減らせるかもしれない。その場合には、各章末ご

とに注を記述するのでも、また各章分ごとに注をまとめて巻末に整理するのでも構わない。ワープロソフトはこの作業に伴う問題をほぼすべて解決してくれる。

Ⅷ　最低限必要な専門語

　ここでは学術論文の執筆に最低限必要な用語・用法を記し、詳細は後で説明する（本書第2部Ⅳ参照）。

(1)　「同書」、"*Ibid.*"
　　引用した文献をすぐあとでまた引用する場合に使用する。

(2)　「前掲書」、"*op. cit.*"
　　引用した文献の次に別の文献を引用し、その次に先の文献を再度引用する場合に使用する。
　　外国語文献では、"*op. cit.*"を使用する。この場合、一般には"*op. cit.*"の"*o*"は小文字とされているが、必ずしも守られていない。

(3)　頁づけ（Paging/Pagination/Page numbers）
　　日本では、「頁」または「ページ」が使用される。最近は「頁」または「ページ」を省略することもある。
　　英語文献では、本の厚さを示すときは、頁数のうしろに小文字の"p."を付し、引用箇所を示すときは、頁の前に小文字の"p."を付す。（引用が2頁以上にわたるときに"pp."を使用する場合もあるが、ＬＣ、ＡＬＡルールでは使用しない。）また、"p."や"pp."を省略することもある。
　　この他、例えばドイツ語文献では、大文字で"S."を使用する。
　　まえがき、目次等の頁づけでローマ数字を使っているときは、そのままローマ数字の小文字で記述し、本文のアラビア数字の頁づけをつなげる。

(4) 出版年
　　古典で出版年等がローマ数字になっているものは、アラビア数字に代える（本書114-115頁参照）。

(5) 頻繁に使用する英語、ラテン語の略語
　　ここでは頻繁に使用する略語を例示し、詳細は後で記す（本書第2部Ⅳ参照）。

ed.	edited	編（編者が一定の基準をもって内容に立ち入る）
comp.	compiled	編（内容に立ち入らず、単に編むだけ）
et al.	*et alibi*	‥‥(及び)その他の者
et seq(q).	*et sequens*	‥‥とそれ以下
ff.	*folios*	‥‥頁以下
cf.	*confer*	参照せよ
p.	*page*	頁

　これらラテン語などを立体文字でしか表せないときは、必ずアンダーライン（下線）を付す。パソコンやタイプライターでイタリック体が表示できるときは、アンダーラインの必要はない（アンダーラインについては、次頁参照）。

Ⅸ　イタリック体とアンダーライン

1　一般的な基準

　英語のリサーチ・ペーパーを作成する場合、立体の文字にアンダーラインを付すのは、古いタイプライターを使っていた時代の名ごりともいえる。その後もタイプライターでイタリック体（斜体）を打つことが面倒だったので、立体にアンダーラインを付すことが多かった。

　現在は、ワープロソフトやコンピュータのプリンタでは、イタリック体にすることが簡単にできるようになっている。したがって、論文のなかで特定の文字、単語ないし文章を強調したいときなどは、論文作成の段階で当該個所をイタリック体にしておくこともできる。例えば、APA（American Psychological Association）刊行の *Publication Manual of the American Psychological Association*（以下、「APAマニュアル」と略す。）では、イタリック体にする機能をもつワープロソフトを使えるときはイタリック体にし、それが不可能なタイプライターを使うときはそこにアンダーラインを付すとしている。この場合、図書、雑誌、マイクロフィルムのタイトル、雑誌の巻号などはイタリック体になり、逆に *Webster's Collegiate Dictionary* の見出し語として一般的になっている外国語のフレーズなど（例：``a posteriori''、``a priori''、``ad lib''、``et al.''、``per si''、``vis-à-vis''はイタリックにしてはいけないとしている（American Psychological Association 2001, p.100-103）。

　ただし、指導教員や出版者（publisher）が最初の段階では立体にアンダーラインを付したものを要求する場合には、そのようにする必要がある。そのためのマニュアルやハンドブックはたくさん公刊されている。MLA（The Modern Language Association）刊行の *MLA Handbook for Writers of Research Papers*（以下、「MLAハンドブック」と略す。）やK. L. Turabianの *A Manual for Writers of Term Papers,*

Theses, and Dissertations（以下、「シカゴ・マニュアル」と略す。）は、その代表的なものである。

　大方の場合、イタリック体またはアンダーラインの対象となる文字、単語ないし文章は、執筆者が何を強調したいのかということで決まる。イタリック化について強いて共通基準を探せば、それは文章中の外国語である。例えば、論文中のラテン語、英語の論文中の外国語（スペイン語、ローマ字化した日本語など）である。

2　文献標記の基準

　注や文献リストなど記述したり作成したりする場合には、一般に次のような基準がある。すなわち、①図書の場合にはタイトル、②雑誌論文の場合には雑誌名、について立体にアンダーラインを付すかまたはイタリック体にするということである。

　しかし、マニュアルやハンドブックによっては、論文名をイタリック体にして雑誌名を立体にすることもある。例えばアメリカのコロンビア、ハーバード、ペンシルバニア、エール各大学の法学雑誌の編集者が共通で使っている *The Bluebook: A Uniform System of Citation*（以下、「ブルーブック」と略す。）がその例である（本書91頁参照）。

　いずれにしても、ワープロソフトに機能があるのだから最初からイタリック体にしておいたほうがよいとの意見もあるし、立体のままアンダーラインを付し、あとはプロの編集者ないし印刷工にイタリック化の適否を任せるのが無難だという意見もある。

X　手書きか、パソコン、ワープロか

　近ごろは論文を手で書くということが疎かにされすぎている。「今日はコンピュータの時代だから当然だ」という人もいる。しかし、どのような時代がきても日本人は日本語、日本文字、漢字から離れることはできず、一生横文字で生きていくわけでもない。また四六時中、人工言語で生きていくわけでもない。

　参考までに、慶應義塾大学大学院の政策・メディア研究科では、論文は文書の整形機能と作成機能を合わせ持つソフトウェアを使って横組みで作成することを義務づけ、手書きによる論文は受け付けていない（本書巻末資料1②参照）。

　ここでひとつ苦言を呈しておく。少なくとも文科系の学術論文、博士論文を書こうとする者は、「外国では論文はパソコンが常識」などと最初から理屈を言ってはいけない。人間の心を問うべき人文科学などの論文を、ビデオをつけCDで音楽を聞きながら、コンピュータで作成するなど、大脳生理学上あり得ないことである。

　文科系の学生は、鉛筆かボールペンで静かな環境のなかで一筆入魂でしかも縦書きで書いてみる。己れの漢字・平仮名の下手さ加減や英字のレタリングや字配りのまずさ加減に愕然としたほうがいい。文科系の学生、大学院生が続け字の日本語や筆記体の英字の読み書きが殆どできないのは本当に情けないことである。だが、大方の学生はそうしたことは気に留めず、「字の上手下手と論文のレベルは関係がない」とか「筆記体は今は使わなくてもいい」とか開き直る。

　文科系の学生は、心を入れ替えて字を大切にしてほしい。上に述べたように、文科系などの論文は人間の心を問うものだからである。そして、できれば毛筆の習字にも関心をもったほうがいい。すると、右上から左下に向けて縦に構成されていく日本文や漢文のもつ意味合い、筆順の大切さ、ひとつひとつの漢字・平仮名の意味の大切さに気づいていくよう

になる。縦書きで書いていくうちに横書きよりは重みのある内容の論文を書けるようになるかもしれない。

　英語のペンマンシップも基本的には同じことである。英字は漢字と違って発音記号のようなものだという日本の書家がいる。そうではなく、レターをきれいにつなげワードをつなげていけば美しいセンテンスができる。そのうちに左上から右下に向けて横に構成されていく英文のもつ意味合いが分かるかもしれない。

　自然言語を大切にするという気持ちを蓄えながら、心を大切に再び論文執筆にとりかかる。いわば、「仏を作って魂を入れる」のである。こうした日本人の余裕の態度が論文の中身自体と将来の人生にさまざまなプラスを生む。そのあと、教員やゼミ生などの助言や意見をとり入れて最終浄書の段階に入り、そこでパソコン、ワープロで仕上げてみるというのが日本的な妥協案である。

　最終的に日本語中心の論文を縦組みで打ち出すか横組みで打ち出すかは、論文提出先の指示を別とすれば、論文中の横文字の多さに左右されるかもしれない。

XI　誤字・脱字・変換ミス・校正洩れ

　長年の経験によれば、はっきり言って体裁などにミスのない論文ができあがる確率はきわめて低い。ミスを最小限に抑えるためには、初心を忘れずに作業を行なうしかない。

　まず手書きの場合に自分の国語力や語学力が備わっているときは、パソコンの場合よりは誤字・脱字は少ない。昔は印刷所の植字工が鉛の活字を拾って手書きの論文の体裁を整えていた。このときに生じるミスは、執筆者の原稿に最初からミスのあることと植字工がべつの字を拾ってしまうことによることがとても多かった。

　いまはコンピュータによって処理されることが多い。執筆者がワープロソフトに依存する場合には、技術上のミスは増える。いわゆる変換ミスもひとつの例である。また、「スペルチェックと文章校正」という機能もあるが、必要な個所を見落としたり余計な指示や間違った指示をしたりするので、この機能に頼りすぎると学術論文として大変なミスを犯す。

　さらに、これを本にするような場合にはまず編集者が独自の基準で割付などをやり直す。英字の論文では一般の単語や人名の綴りを切らないというルールを守れば、余り問題は生じない。しかし、諸々の事情からシラブル（分綴）で切ることもある。切り方などに執筆者が気を遣っても、コンピュータによる「ページ設定」の段階で編集者が行の字数を変える場合にその後の作業で手抜きをしたときは、ハイフンなどはとんでもないところに残ったり、付くべき所にハイフンが付いていなかったり、レターとレターの間に変なスペースが残ったりする。

　英語の論文ではできる限り単語を切らないという論文作成上のルールを守れば、あとはワープロソフトが「均等割り付け」をしてくれる。この場合、上記のように1行の中にある単語と単語の間が不自然なほど開いてしまうこともある。したがって、均等割付の結果としてワード間、レター間の開き方がひどくなったときは、シラブルで切ることになる。

このあと、印刷技術者が原稿の入ったディスケット（フロッピーディスク）などを処理するときは、原稿の内容に関係なく作業が進められる。したがって、渡された原稿を忠実に処理するという過程で生じるミスは、コンピュータ入力の場合も従来の植字の場合も同じである。

　ゲラないしハードコピーの校正（proofreading）の場合には、国語力、語学力のほかに緻密な校正能力と忍耐力が必要になる。一般に、自分の書いたものについては文章の構成全体を目で追ってしまい、単語の綴り、ワードのレターをきめ細かく目で追うということをしないことが多い。このことは、技術的に機械に慣れてくると一層ひどくなり、見落としが増える。論文が大部のものになると、この手抜きはますますひどくなる。したがって、そのミスは印刷され製本されたあとに見つかることになる。

　以上のリスクを完全に避ける方法というものはない。現状でミスをできるだけ少なくするひとつの方法は、次のとおりである。

①まず上記の「スペルチェックと文章校正」の機能を使ってごく基本的な誤りを直すことである。ただし、先に記したように、この機能に頼りすぎると必ず失敗する。

②次に、自分の目でレター・バイ・レター、ワード・バイ・ワードでチェックする。

③その次は、できれば他の人それも論文の内容に関心をもたない人にハードコピーなどを事務的に突き合わせてもらうということである。

　この３つでも見落としがある場合（例えば、漢字に変換ミスがある場合）には、ハードコピーはそのまま事務的に処理されてしまう。

　大文字・小文字の使い分け、シラブル（分綴）の切り方など、読む者に対して英語の論文のとき以上に気を遣わなければならない。それだけ気を遣っても、関係者が作業の手抜きをすれば、やはり誤りは残る。

　最後の筆者校正では本当に気をつけなければいけない。

XII 印刷・製本

　印刷の段階では、日本語の論文の場合には各頁を原則として縦組みにするか横組みにするかによっていろいろな問題が出てくる。とくに日本語の文章に横文字を挿入するときは、大文字小文字の使い分け、シラブル（分綴）の切り方など、読む者に対して英語の論文のとき以上に気を使わなければならない。気を遣っても印刷担当者が「ページ設定」の段階で機械的に行の字数を変え、その後の作業で手抜きをすればハイフンはとんでもないところに残り、付くべき所にハイフンが付いていないことになる。

　日本では、まだ論文は縦組みのほうが読みやすいとか風格があるとか言われているが、英語がたくさん出てくるような論文の場合には横組みのほうがいいという考え方にも一理ある。

　印刷については、有料ベースの印刷所に頼むか、大学の印刷機で行なうかは各大学の教員と事務室の方針によってまた印刷部数によって違うかもしれない。手書きのもの、英文タイプライターによるものなどはフォトコピーによることになろう。部数によっては自分でプリントアウトしたものをフォトコピー機にかけることもあり得る。この場合には現在は両面コピーが定着しつつある。

　外部の印刷所でデータの入ったディスケットを処理してもらうことを想定しているときは、ソフトウェアの種類について印刷関係者と事前に連絡をとっておいたほうがよい。いずれにしても、この作業分野の技術進歩は著しいものがあるので、あまりこのことに神経を使わず機械の専門家に任せたほうがよい。

　いよいよ製本であるが、これも大学がどの程度の体裁のものを要求しているかによって事情は異なる。規定などがあればそれに従うが、そうでないときは臨機応変に対処したほうがよい。昔は大学の周辺にある製本会社に頼んでいたが、いまは製本技術も進歩しているから、簡易製本

ぐらいはキャンパス内の機械で可能になった。

　実務的には、提出する論文には十分な時間と費用をかけて印刷・製本を行ない、控え分には簡易製本方式を採用するということでよいと思う。とくに学位請求論文のときはそのようなことが言える。日本では、文部科学省の「学位規則」によって、博士の学位を授与された者は、止むを得ない場合を除き、授与から1年以内に論文を公表しなければならないことになっている（同第9条。これを受けて例えば慶應義塾大学では「学位規則」第15条で同様のことを規定している）。その博士論文が商業ベースで公刊されるのであれば、そのときに立派な印刷と製本を期待すればよい。

　（この項については、本書巻末資料を参照。）

2部

論文の体裁

I　はじめに

　大学院ではもちろんのこと、学部でさえも人気のある研究会（ゼミナール）では、応募のときに担当教員が研究計画のスケルトンを厳しく審査している。スケルトンは、文字どおり研究の目的、対象、方法、予定される成果、参考文献等々の骨格である。その内容は言うに及ばず、その体裁や記述について最低限の約束ごとを軽視する学生は、研究会応募への熱意を問われることになる。

　外国の主要な大学では、論文を書く際にアドバイザーや指導教員の秘書ないし TA（Teaching Assistant）が学生からの相談に乗ってくれる（筆者が国連事務局に勤務した当時〈1970、77、78年〉、編集室〈Editing Unit〉から詳細な執筆要領〈Drafting Manual〉を渡された。筆者の担当官はイギリス人女性で、体裁や文章表現のチェックは厳しかった。文章ではイギリス英語を優先させられ、単語の綴りも *OED*〈*The Oxford English Dictionary*〉に依拠することを義務づけられた）。

　これに比べ、日本の大学にはそのようなサービスの訓練を経た専門職がないし、そのようなセクションもない。したがって、日本の学生は、指導教員に作成のノーハウを伝授してもらうとか、先達の記述方式を真似るとか、市販の各種手引書で独学をするという職人的な方法をとらざるを得ない。それでも、最近は大学当局や教員がそれぞれ独自の論文執筆要領をウエブ（WWW）上で公開している。また、そのようなことを教える授業も増えてきている。

　本書では、論文を横書きでコンピュータ入力することを想定している（縦書きか横書きかの意見については、本書35-36頁参照）。論文を横組みで入力し、そのあとで縦組みに一括変換したりするとさまざまな混乱が生じる。他方、初めから縦組みで入力する場合には、作業中たくさんの個所にたくさんの横文字の記述を挿入していくのはもっと厄介である。提出先が縦組みと指定しているときは、最初に作業手順を考えておいた

ほうがよい。
　なお、以下は先に記したシカゴ・マニュアルによるところが大きい。

II　論文の構成

論文は、一般に前文、本文、参考事項（後文）で構成されている。この各構成部分はさらに小項目で構成されている。

1　前　文

この部分は、前文（Front Matter）ないし前置き（Preliminaries）とよばれる。通常は、いわゆる標題紙、謝辞、まえがき、目次、図表リスト、使用略語一覧、語彙、執筆方針、抄録（要約）、献辞、題辞などを含んでいる。

標題紙（Title Page）のレイアウトはさまざまであるが、提出先の要領に合わせる場合もある。いずれの場合であっても、どれが本タイトルでどれが副タイトルなのかということだけは明確にしておく。

まえがき（Preface）の部分では、研究の動機、プロジェクトの背景、調査研究の範囲、論文の目的などを説明する。献辞や謝辞の部分を省略するときは、この個所で触れる。

目次（Table of Contents）の部分では、どのようなレイアウトでどこまでの小項目を記述するかということは執筆者の意図で決めることであるが、提出先の要求に合わせる場合もある（本書巻末資料参照）。

図表リスト（List of Illustrations/Figures/Charts and Tables）も、本文目次のあとにつけたほうがよい。

略語表（List of Abbreviations）は、使用頻度が高いのであればつけるほうが好ましい。少なくとも法律学系統の論文ではそうかもしれない。たとえば、「私的独占の禁止及び公正取引の確保に関する法律」を「独禁法」とするようなことである。

語彙/用語（Vocabulary）については、略語同様に文中での使用頻度が高いのであれば記述したほうがよい。例えば、国際機構法における「国

際復興開発銀行→世銀」などがそれである。

　執筆方針（Editorial Method）については、その個所で記す場合もあるが、本文の出だしの序説、序章などで扱う場合もある。

　抄録（Abstract）は、必要に応じて、論文の内容を簡潔に要約したものである（本書頁19-20参照）。場合によっては、論文に関わる件名（subject heading）ないしキーワードを抽出して抄録・要約の頁に記述する（本書巻末資料1(1)ⅰ②参照）。外国では作成に当たっては大学・大学院の事務室の専門職員が相談に乗っているが、日本の大学・大学院ではそのような専門職の重要性に理解が少ない。

　献辞（Dedication）の部分では、もし記すのであれば「‥‥‥に捧ぐ」（dedicated to‥‥‥）というふうに記述するのであるが、外国では「‥‥‥に」（To‥‥‥）で十分だとされている。まえがきの最後の部分でかなり情緒的に記述されている場合もあるが、礼儀上は1頁を割き、かつ簡潔に記すのがスマートである。

　学部や大学院の論文の場合に献辞の頁を割くのは仰々しいというのであれば、まえがきの部で謝辞を記すのがよいかもしれない。

　題辞/エピグラフ（Epigraph）は、例えば次のようなものである。

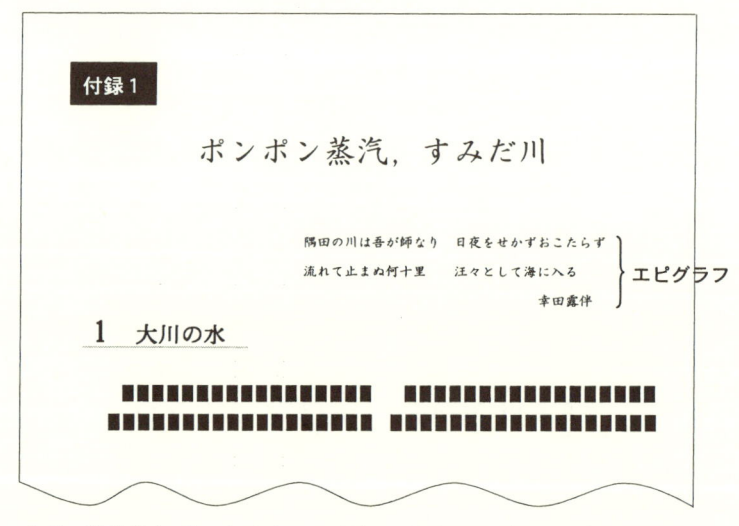

```
┌──────────────────────────────────┐
│ 付録1                              │
│                                    │
│     ポンポン蒸汽，すみだ川          │
│                                    │
│        隅田の川は吾が師なり 日夜をせかずおこたらず ┐     │
│        流れて止まぬ何十里   汪々として海にへる    ├エピグラフ│
│                               幸田露伴         ┘     │
│                                    │
│   1  大川の水                      │
│                                    │
│  ■■■■■■■■■■■■  ■■■■■■■■■■■■    │
│  ■■■■■■■■■■■■  ■■■■■■■■■■■■    │
│                                    │
```

出所：櫻井雅夫『江戸・深川と八幡祭』（東京：江戸深川研究会，2001年）

題辞は本文の各章のはじめに挿入されることもあるが、フロント・ページを設けるのであれば、文章とその著者の姓だけを記すのが一般的である。その意味を説明したいときは、まえがきや本文の出だしのところで行なう。

2　本　文

　本文（Text）は、文字どおり論文の主要部分である。一般には、序（序章、序説）、部、章、節、項といった名称で文章全体を明確に整理する。

　序（序章、序説；Introduction）の部分は第1章と名づけることもあるが、その文章の量が少なければ、やはり序（序説）とすることが多い。章の部分は、本文の主要部分を構成するものであるから、当然に文章の量は多くなるはずである。序（序章、序説）を第1章とよぶかどうかに関係なく、序（序説、序章）はあくまでも第1章の意味を持つものであり、したがって論文の頁づけ（paging）は序（序章、序説）からアラビア数字ではじめる。

　部（Part）を区分として先頭にもってくる場合には、本当は部の名称だけを記した頁を設けたほうがよい。上記の序（序章、序説）は論文全体のためのものなので、当然にその部分を第1部のなかに含めてはいけない。

　章（Chapter）は、論文の主要部分を区分けするものである。一般には、各章ごとに頁を変え、その頁の上部中央に横組みであれば「第1部　○○」、縦組みであれば「第一部　○○」と記すが、短い論文の場合には縦組であれば単にローマ数字の大文字で「Ⅰ　○○」または「Ⅰ．○○」と記すことが多い。

　節、（款）、項、目（Section, Subsection, Item, Sub item）などは、論文が大きくなったときに細分するために使うものである。この場合には、小見出しとしてレベル順に「第1節　○○」、「第1項　○○」と記していく。

それ以上内容を細分化する場合には、このほかに号を使用したり、単に各種の数字とローマ字の小文字を組み合せたりする。

少なくとも日本にはこれらのレイアウトを拘束するルールというものはないので、論文提出を要求する人の意見をきくこともある。

3　本文中の図表

図表については、通し番号で「図表1」、「図表2」とするものも見られるが、あまり薦められない。**図**（Figure）は本文の理解を助けるための図解（Chart）やグラフや写真などを示すものであり、**表**（Table）はある主題に関して数字や文字を使って一覧できるように整理したものである。その数が多くなったときは、面倒でも図と表は区別したほうがよい。図と表の中間をいくようなものは、図として扱ったほうがよい。

具体的な記述は、「図1」、「表1」、"Fig. 1; Figure 1; Chart 1"、"Table 1"となる。また、図表が多い場合に章ごとに番号を1から始める方式をとるときは、記述は第一章で「図1-1」、「表1-1」、"Fig. 1-1; Figure 1-1; Chart 1-1"、"Table 1-1"、第二章で「図2-1」、「表2-1」、"Fig. 2-1; Figure 2-2; Chart 2-1"、"Table 2-1"となる。さらに細かく節ごとに番号を1から始める方式をとるときは、記述は第一章第一節で「図1-1-1」、「表1-1-1」、"Fig. 1-1-1; Figure 1-1-1; Chart 1-1-1;"、"Table 1-1-1"、第二章で「図2-1-1」、「表2-1-1」、"Fig. 2-1-1; Figure 2-1-1; Chart 2-1-1"、"Table 2-1-1"となる。

4　参考事項（後文）

本文が終わったあとには、以下のような参考事項/後文（Reference Matter, Back Matter）を記述する。

付録（Appendix, Annex）は、論文に不可欠のものということではな

い。ただ、本文に入れるには適当ではないが本文との関連で有用と思われるものはこの付録に収録したほうがよい。例えば、本文に入れるには詳細すぎるような表、大きな図、専門的な註解、資料収集方法、一般的でない文書の写し、本文に入れるには長すぎる事例研究などをこの付録にする。付録はすべて巻末に収録し、各章末には収録しない。

付録が1つだけのときは、とくに章区分のようなものは必要ないが、たくさんあるときは内容ごとに分類し、番号を付したほうがよい。

フォトコピー、ファックスシート、質問書式などを収録するときは、全体に通し頁をつける。

巻末注/後注/尾注（Endnotes）の方式は、例えばアメリカでは一般に学位論文（dissertation）などよりはターム・ペーパー（term paper）の場合にとられる。ターム・ペーパーの場合には伝統的には脚注（Footnotes）の方式が好まれてきた。現在では、括弧方式すなわち文章のすぐ後に簡単な括弧参照（Parenthetical-reference）を挿入し、巻末に詳細な参考文献リストを収録するという引用スタイルが一般的かもしれない（本書第2部 V.2 及び巻末資料1.(1) ii ③参照）。

参考文献リスト/引用文献リスト（Bibliography, Reference List）は、論文の最後に収録されるものである。ただし、論文に索引をつける場合はべつである。

Ⅲ　論文の見出し番号

　論文の場合には、さまざまな番号づけが可能である。分量の多い図書や論文には、次のような方式をとることもある。すなわち、

　　　前　文　　まえがき
　　　　　　　　図表リスト
　　　　　　　　使用略語一覧
　　　　　　　　語　彙
　　　　　　　　執筆方針
　　　　　　　　抄録（要約）

　　　本　文　　序　説
　　　　　　　第1部（または）第1篇
　　　　　　　　第1章
　　　　　　　　　第1節
　　　　　　　　　　第1項
　　　　　　　　　　　第1目
　　　　　　　　　　　　A．
　　　　　　　　　　　　　1．
　　　　　　　　　　　　　　a．
　　　　　　　　　　　　　　　(1)
　　　　　　　　　　　　　　　　(a)
　　　　　　　　　　　　　　　　　i)
　　　　　　　　第2章
　　　　　　　　‥‥‥‥‥‥‥‥‥‥
　　　　　　　　第3章
　　　　　　　　‥‥‥‥‥‥‥‥‥‥
　　　　　　　第2部（または）第2篇
　　　　　　　　第4章（または）第1章
　　　　　　　　‥‥‥‥‥‥‥‥‥‥

```
              ・・・・・・・・・・・・・・・・・・・・・・・
                結　論
**参考事項**　　付　録
**（後 文）**　　　　図表、註解、資料収集方法、複写資料、事例研究、
              巻末注、引用文献リスト、参考文献リストなど
              （付録と文献リストの順序を逆にすることもある。）
```

この場合、部（篇）を使わずに「章」からはじめることもある。
短い論文の場合には、次のような番号の使用も奨められる。

```
  ＜例１＞
    Ⅰ．
      Ａ．
        １．
          a）
            (1)
              (a)
                ⅰ）
                ⅱ）
      ・・・・・・・・・・・・・・・・・・・・・・
    Ⅱ．
      Ａ．
        １．

  ＜例２＞
    序（序説）
    第１章
    ・・・・・・・・
    第５章
    第６章
    結　論
```

英語の論文の場合とくに大きな図書、論文のときは、次のようになる。

FRONT MATTER	Introduction
	List of Tables / List of Figures /
	List of Illustrations
	List of Abbreviations
	Glossary
	Editorial Method
	Abstract/Summary
TEXT	PART ONE (PART Ⅰ)
	Chapter Ⅰ
	Section 1
	A.
	1.
	a)
	(1)
	……………
	Chapter Ⅱ
	Section 1
	……………
	PART TWO (PART Ⅱ)
	……………
	Conclusion
REFERENCE MATTER/	Appendix
BACK MATTER	Endnotes/Works Cited/Bibliography

Ⅲ 論文の見出し番号

あまり大きくない論文のときは、次のようになることもある。

Introduction
Chapter
  1. または Ⅰ. Introduction
  2. または Ⅱ.
……………

53

9. Conclusion
Appendix/Annex
Reference List/Bibliography

Ⅳ 略 語

　日本では、格調高い論文の場合に略語の使用は余り好まれない。とくに日本語の略語の定着度は低い。

　それに比べて、欧米とくにアメリカでは、略語の使用はかなり定着している。参考までに論文執筆に直接関係してくる主なものを挙げれば、次のようになる。

[学 位]

　　A. B., *Artium Baccalaureus*（Bachelor of Arts）

　　A. M., *Artium Magister*（Master of Arts）

　　B. A., Bachelor of Arts

　　B. S., Bachelor of Science

　　Ed. D., Doctor of Education

　　J. D., *Juris Doctor*（Doctor of Laws; Doctor of Jurisprudence）

　　J. S. D., *Juris Scientiae Doctor*（*Doctor* of Juridical Science; Doctor of Juristic Science; Doctor of the Science of Law）→ S. J. D.

　　L. H. D., *Litterarum Humaniorum Doctor* (Doctor of Humanities)

　　Litt. D., Litterarum Doctor (Doctor of Letters)

　　LL. B., *Legum Baccalaureus*（Bachelor of Laws）

　　LL. D., *Legum Doctor*（Doctor of Laws. 名誉博士の場合が多い。）

　　LL. M., *Legum Magister*（Master of Laws）

　　M. A., Master of Arts

　　M. B. A., Master of Business Administration

　　M. D., *Medicinae Doctor*（Doctor of Medicine）

　　Ph. B., *Philosophiae Baccalaureus* (Bachelor of Philosophy)

　　Ph. D., *Philosophiae Doctor*（Doctor of Philosophy）

　　S. J. D., *Scientiae Juridicae Doctor* (Doctor of Juridical Science)→

J.S.D.

[国]
　　Gt. Brit., Great Britain
　　U. S., United States

[州・地方]
　　（アメリカ）

California	Calif.	C A	Michigan	Mich.	M I
Connecticut	Conn.	C T	Minnesota	Minn.	MN
District of	D.C.	D C	New Jersey	N.J.	N J
Columbia			New York	N.Y.	N Y
Florida	Fla.	F L	North Carolina	N.C.	N C
Illinois	Ill.	I L	Pennsylvania	Pa.	P A
Maryland	Md.	MD	Texas	Tex.	T X
Massachusetts	Mass.	M A	Washington	Wash.	W A

　　文献の出版地を記述する場合に市名の後に州名を付す必要があるときは、略号を使う。少なくとも日本で論文を発表するときは、上記中欄の略語を使用したほうがよい。右欄の略語は郵便などに使用することが多いが、APAマニュアルでは論文のなかで右欄の略号を使用するよう指示している。

　　APAマニュアルでは次の市名はよく知られているので州名の記述は不要であるとしている。

Baltimore	New York	Amsterdam	Paris
Boston	Philadelphia	Jerusalem	Rome
Chicago	San Francisco	London	Stockholm
Los Angeles	Milan	Tokyo	Moscow

Vienna

　しかし、日本で論文を発表するときにはそのルールにはこだわらないほうがよい。なお、上記の Milan は Milano、Rome は Roma、Vienna は Wien という外国都市名をそれぞれ英米の綴りに変えたものである（本書112頁参照）。このルールを守ると、ジュネーブも"Genève"ではなく"Geneva"に直さなければならず、日本人にとっては気が疲れることになる。
　ドイツ、フランスなどの出版物については州ないし地方の略語を使用せずフルネームを付すことが多い。

（カナダ）

Alberta	A B	Ontario	O N
British Colombia/ Colombie-Britannique	B C	Quebec/Québec	P Q

[道路・地区等]

Avenue	Av./Ave.	Road	Rd.
Boulevard	Blvd.	Square	Sq.
Building	Bldg.	Street	St.
Court	Ct.	East	E.（ピリオド必要）
Expressway	Expy.	South	S.（ピリオド必要）
Parkway	Pkwy.	Southeast	SE（ピリオド不要）

[学術用略語]

　a. a. O. : am angeführten Ort（ドイツ語）［前掲書に］
　app. : appendix［付録］
　art. : article（複数，arts.）［条］
　assn. : association［協会、社団］"assoc."は"associate, associated"
　　の略とされることもあるが"association"と同じに使われることもあ

る。

Aufl.：Auflage（ドイツ語）［版］

Ausg.：Ausgabe（ドイツ語）［号、版］

b.：born［生まれ］

Bd.：Band（ドイツ語）［巻。全3巻というときは"3 Bde."となり、第3巻というときは"Bd. 3"，"Bd. Ⅲ"となる］

bibl., bibliogr.：bibliography［文献目録。日本では通称「ビブ」］

bk.：book（複数 bks.）［図書、本］

c/©：copyright［著作権］（使用例：c2002/©2003）

ca.：circa, about, approximately［約、ほぼ］（使用例：ca.2002）

cf.：*confer*, compare（*confer*は、"compare"［比較せよ］のラテン語。cf.は英語の"confer"［授けよ］の略語として使用してはならず、また"see"［を見よ］という意味でも使わない。

ch.：chapter［章。法律関係の場合にのみ使うことが多い］

chap.：chapter（複数，chaps）［章］

col.：column（複数，cols.）［欄］

comp.：compiler（複数，comps.）; compiled by［編纂者、により編纂。一般には、主観的に内容に手を入れず、単にまとめるだけの場合に使う］

（cont.）：continued［続く］

d.：died［死去、故。故人に付ける］

dept.：department（複数，depts.）［省、部など。法律関係文書ではdep'tも使われる］

diss.：dissertation［博士論文］

div.：division（複数，divs.）［部局課など］

do.：*ditto*［同上、同前］

doc.：document［文書］

ebd.：ebenda（ドイツ語）［同じ場所に］

ed.：edition; edited by; editor（複数，eds.）［版、により編集、編者。一般には、主観的に内容に手を入れてまとめる場合に使う］

éd. : édition; édité, éditeur（フランス語）[版、により編集、編者]

ed. cit. : *editio citata*, edition cited [前に引用した版]

e. g. : *exempli gratia*, for example [例えば]

enl. : enlarged [増補した]

esp. : especially [特に]

et al. : *et alii*, and others [その他]

et seq. : *et sequens*, and the following […以下]

etc. : *et cetera*, and so forth [など]

ex. : example [例]

f. : and the following pages [及びそれに続く頁]

fac. : facisim., facsimile [復刻版]

ff. : and the following pages [及びそれに続く頁]

fig. : figure（複数，figs.）[図]

fl. : *floruit*, flourished [人の在世期。生年・死亡年月日が不明の場合に使う]

fn. : footnote [脚注]

fwd. : forewarded, forewarded by [まえがき、…によるまえがき]

govt. : government [政府]

GPO : Government Printing Office, Washington, D.C. [アメリカ政府印刷局]

HMSO : Her（His）Majesty's Stationery Office [イギリス政府出版局]

hrsg. : Hrsg., herausgegeben（ドイツ語）[出版された、編集された]

ibid. : *ibidem*, in the same place [同書、同論文中に]

i.e. : *id est*, that is [すなわち]

id. : *idem*, the same [同一著者。法律関係の引用の場合を除く。*ibid.* と混同しないこと。詳細は、本書136-37頁参照。]

ill./illus. : illustrated, illustration [図入り、図解]

impr. : imprimerie（フランス語）[印刷所]

Inc. : incorporated [会社。法学的には"法人格を付与された"という

意味であり、「株式会社」とは限らない]

infra : below [（図書、論文などの）下に、以下に。supra に対比]

introd. : introduction [序、序説、序論など]

irreg. : irregular [不定期/不規則]

Jahrg. : Jahrgang（ドイツ語）[巻。1年分に使う]

jr./Jr. : junior [二世]

Kap. : Kapitel（ドイツ語）[章]

l.(el) : line（複数，ll.）（数字の1や11とまちがえやすいのであまり使わないほうがよいとされている）[行]

loc. cit./l. c. : *loco citato*, in the same place cited [同書同頁に、前掲箇所に]

Ltd. : limited [有限責任会社。法学的には必ずしも"有限会社"とは限らず、有限責任社員から成る"株式会社"なども含まれる]

mimeogr./mimeo : mimeographed [謄写印刷した論文であることを示す]

misc. : miscellaneous [雑]

MS./ms. : manuscript（複数，MSS., mss.）[草稿、写本]

n. : note, footnote（複数，nn.）[注、脚注]

NB : *nota bene*, take notice, mark well [よく注意せよ。つねに大文字]

n. d. : no date given/no date of publication given [（とくに）出版年月日不明]

n. p. : no place（of publication）given/no publisher given [（とくに）出版地不明、出版者不明]

n. pag. : no pagination given [頁づけなし]

no./No. : number（複数，nos.）[号など]

n. s./NS : new series/newly style [新シリーズ、新スタイル]

ob. : *obiit*, died [故。故人に付ける]

off. : office [部、局]

op. cit. : *opere citato*, in the work cited [前掲書中に]

o. s., OS : old series［旧シリーズ、旧スタイル］

p. : page（複数，pp.）［頁。"p."が前にきたときは引用頁を指し、後にきたときは文献の厚さを示す。引用が10頁目のときは"p. 10"となり、10頁から12頁にわたるときは"p. 10-12"としないで"pp. 10-12"とすることが多い。なお、後にきたときには「ペンス」を指すこともある］

p. : printing［印刷］

par. : paragraph（複数，pars.）［節、段落など］

passim : here and there［（引用した文献の）各所に］

pbk. : paperback［ペーパーバック］

photo. : photograph［写真］

pl. : plate［図版］

pref. : preface［まえがき］

pt. : part（複数，pts.）［部、部分など］

PS : postscript［追記］

P. T. O. : please turn over［裏面参照］

pub./publ. : publisher/publication, published by［出版者（出版社とは限らない）、出版、により出版］

Pub. L. : Public Law［公法］

qtd. : quoted［引用］

q.v. : *quod vide*, which see［その語（項）を見よ。相互参照のときに使う］

rev. : revised［改訂した。ときには"review"（雑誌）の略］

rpt./repr. : reprint, reprinted［重版、再版］

S. : Seite（ドイツ語）［頁］

sc. : scene［シーン、劇の場］

sec. : section（複数，secs.）［項、節、（法令では）条］

seq./seqq. : *sequentes/sequentia*, the following［及び、それに続く頁］

ser. : series［シリーズ］

[*sic*] : so, thus ［原文のまま］

s.l. : *sine loco*, no place of publication ［出版地不明］

s. n. : *sine nomine*, no name of publisher ［出版者不明］

st. : stanza ［詩の節、連］

Stat. : Statutes at Large ［(アメリカ) 法令集］

supp./suppl. : supplement (複数，supps.) ［補遺］

supra : above ［(図書、論文などの) 上に。infra に対比］

s. v. : *sub verbo*, *sub voc*, under the word ［…語の (見出しの) 下に、…という語を見よ。百科事典や辞書におけるリスティングに関連して使われる］

t./tom. : tome (フランス語) ［巻、冊］

TD : typewrititten document ［タイプ打ち文書］

t. p. : title page ［標題紙］

tr./trans. : translator, translated by ［訳者、によって訳された］

TS./ts. : typescript (複数，TSS., tss.) ［タイプ打ち原稿］

Übers. : Übersetzung (ドイツ語) ［翻訳］

univ. : university ［大学］

UP : University Press ［大学出版部/出版局/出版会］(例：New York UP)

v. : *vide*, see ［を見よ］

v. : verse (複数，vv.) ［とくに詩の場合の行］

v./vs. : *versus*, against (法律関係、訴訟事件の場合は "v".) ［対］

vgl. : vergleichen (ドイツ語) ［比較せよ、参照せよ］

viz. : *videlicet*, namely ［すなわち］

vol./Vol. : volume (複数，vols.) ［巻、冊。第3巻というときは "vol. 3", "Vol. 3" となり、全3巻というときは "3 vols." または "3 v." となる］

Vorw. : Vorwort (ドイツ語) ［序文］

［数　字］
　序数の場合、"second" と "third" のときは、"nd"、"rd" を加えず、"d" だけを加える、すなわち、"2d"、"3d" とする。これは、かなり多くのルールないしマニュアルで採用されている、ただし、MLA ハンドブックや APA マニュアルでは "2nd"、"3rd" を採用している。

　　2d., 2nd., second
　　3d., 3rd., third
　なお、あとで説明するが、図書の版表示は第2版以降のときに行なわれる（本書109頁参照）。

［曜日、月］
　文章の中で使うときは略語を使わないが、文献リストや図表などの場合には下記のような略語が使われる。
　　Jan., Feb., Mar., Apr., May, June,
　　　July, Aug., Sept., Oct., Nov., Dec.
　　Sun., Mon., Tues., Wed., Thurs., Fri., Sat.
　ルールによっては、すべて機械的に3レターで切り、上記のJune、July、Sept.もそれぞれ"Jun."、"Jul."、"Sep."と略すことにしている。

［逐次刊行物の頻度］
　逐次刊行物の頻度とその略号は、次のとおりである。

	（頻　度）	（略　語）
日　刊	daily	D
週2回刊	semi-weekly	S-W
週　刊	weekly	W
隔週刊	fortnightly	F N、B-W
月2回刊	semi-monthly	S-M
月　刊	monthly	M
隔月刊	bi-monthly	B-M
年5回刊	5 a year	5／Y

季　刊	quarterly	Q
年2回刊	semi-annually	B‐A
年　刊	annually	A
隔年刊	bi-annually	S‐A
不定期刊	irregularly	ＩＲ、ＩＲＲ

　このように刊行頻度が余り一般的でない逐次刊行物については、当該刊行物名の直後に"(S-A)"、"(5 /Y)"といったように、頻度を丸括弧に入れて記述することがある。

Ⅴ 引用文献の標記方式

1 カタロギングとの違い

　先述のように、かつて図書館ではカード・フォームのカタログをつくり、利用に供してきた。今では図書館がメディアセンターに変わり、資料検索も端末器によるものが主流になってきている。例えば、アメリカのOCLC（Online Computer Library Center, Inc.）が提供している"First Search"の中には約70種のデータベースがある。そしてその中にはWorldCatや *Books in Print* やArticlesFirstも含まれているから、利用者は世界の主要な図書や雑誌論文に関する標記方式や主要な図書館ないしメディアセンターの当該出版物の所蔵状況などを即座に知ることができる（このサービスは、OCLCからユーザーとして承認されている図書館ないしメディアセンターで利用が可能である）。また、日本の国立情報学研究所（NII。2004年度から情報・システム研究機構の一部に）のデータベース・システム「NACSIS」のうち例えばWebcatの利用も有益である。

　閲覧用のカード・ボックスを処分した図書館ないしメディアセンターもあるが、例えば慶應義塾大学のメディアセンターでは著者名と書名のカード・フォーム・カタログをすべて縮小写真に撮って製本し蔵書目録として閲覧に供している。開くと一度に数十枚のデータが目に入り、各文献の書誌データを知るのには都合がよい。

　文献検索が目的でなく必要文献の書誌データの確認が目的であれば、上記のOCLCやNACSISではなくアメリカ議会図書館（LC）のLibrary of Congress Online Catalogや日本の国立国会図書館（NDL）のNDL-OPACやWeb-OPACを使用するほうが有効である（本書19頁参照）。情報量も格段に多く、書誌データ、カタロギングもはるかにしっかりしている。この書誌データに多少手を加えれば、独自のブック・フ

ォーム・カタログを作ることができ（本書巻末資料4、5参照）、さらに手を加えれば引用文献のリストもできる。

　現在のカタロギング・ルールは以前のルールとはかなり変わったものになっている。参考までに、かつてのカタロギングと現在のカタロギングを比較すれば、次のようになる。

（和書―かつてのカード・フォームの場合）

```
          櫻井　雅夫
         国際経済法　新版
     東京　成文堂　平成9（1997）
         3, 20, 646頁　22cm




                    ○
```

（和書―現在のカード・フォームの場合）

```
   開発協力　　その仕組みと法
   櫻井雅夫著
   東京　国際経済法センター　2000.4
   xii, 348p　26cm




                    ○
```

上記フォームの記述方式は、基本的には次のとおりである。
書名＿：＿書名関連事項＿／＿著者名（編者名、訳者名）
出版地＿：＿出版者，＿出版年（句読点なし）
頁づけ＿：＿大きさ，＿－＿（シリーズ名＿：＿巻数）

　参考までに、出版者は"publisher"であり、"publishing company"（出版社）すなわち出版会社とは限らない（詳しくは、本書112頁参照）。

（和書—かつてのブック・フォームの場合）

〈例〉
櫻井雅夫、国際開発協力法。東京、三省堂、平成6年（1994年）。xvi、398頁。
櫻井雅夫、国際経済法研究—国際投資を中心として—。東京、東洋経済新報社、昭和52年（1977年）。ix、275、13頁。

（和書—現在のブック・フォームの場合）
書名＿書名関連事項＿／＿著者名．＿－＿出版地：＿出版者，出版年．＿頁づけ＿；＿大きさ＿－＿（双書名＿／＿巻数）

〈例〉
カントリー・リスク　：　海外取引の危険にどう対処するか　／　櫻井雅夫．－　東京　：　有斐閣，1982．　ix, 275, 13p　；　23cm．
（有斐閣選書　／　422）

(洋書－かつてのカード・フォームの場合)

Oppenheimer, **Andrew**, ed.
　　The Relationship between European Community law and national law; the cases.　Edited with introduction by Andrew Oppenheimer.
　Cambridge, Cambridge University Press, 1994.
　　liv, 973 p.　24 cm.

(洋書－現在のカード・フォームの場合)

The Relationship between European Community law and national law : the cases / Edited with introduction by Andrew Oppenheimer. － Cambridge, England : Cambridge University Press, 1994.
　　liv, 973 p. ; 24 cm.[注]

[注]　出版者が"Cambridge University Press"であることがわかっているときは出版地"Cambridge, England:"を省略しても構わないとされている。同様に、出版者が"Harvard University Press"または"MIT Press"のときも"Cambridge, Mass.:"は省略することが認められている。しかし、利用者がアメリカ人に限らないことも参酌すれば、省略しないほうがよい。

以上、見てわかるように、現在の目録規則はそのままでは図書・論文には応用しにくい。例えば、コロン（：）の使い方とか、コロンの前後に各1字分開けるとか、書名と著者名の間はスラッシュないしストローク（全角"／"；半角"/"）を入れてその前後に各1字分開けるとか、ピリオド（．）を必要以上に省くというようなルールだからである。
　基本カード（Main card）が書名から記述されていて、著者名カードは片仮名を上に打ち込む副出方式（analytical entry）もなじめない。
　けっきょく、文献目録を作成したり引用文献を記したりするときは、昔のブック・フォームのカタロギング・ルールを基本にして現在のものを多少取り入れるという方式が有効である。

2　引用方式1－括弧方式

　括弧方式（Parenthetical-reference）では、まず、文中で引用した文献の著者名、出版年、頁づけのみをその文のすぐ後の丸括弧の中に記入する。

　〈例〉
　　　（櫻井　1997年，11-13頁）
　　　（Oppenheimer 1994，p.25）

　次いで、図書・論文の終わりで（場合によっては章末で）括弧に対応する「引用文献」、「文献リスト」、"Reference List"、"Literature Cited"、"Works Cited"、"Bibliography"をまとめる。
　この方式は、論文提出先の大学や大学院が特別の方式を要求していない限り、少なくとも社会科学の分野では世界的に認められているものである。例えば、シカゴ・マニュアルやAPAマニュアルも、この方式を採用している（Turabian 1996，p.111；American Psychological Association 2001, Sec.3.07/pp.84-85）（本書巻末資料1.(1) i ③④および同資料1.(1) ii ③参照）。
　括弧方式はいわゆる「割注（わりちゅう）」ではない。割注は、例えば日本語論文で

は本文の間に1行または2行で小さい文字でデータすべてを注記するもので、具体例は次のとおりである。

〈例〉
「サービス分野への外国投資の出資比率は、50パーセント未満に制限されている(宮家邦彦『解説WTOサービス貿易一般協定(GATS)』(東京：外務省経済局,1996年),158頁)。」
「有効に外国の国籍を取得したか否かは、当該外国法による(東京地裁昭和43.12.9判例時報544号24頁)。」

さて、括弧方式の場合、文中の括弧の記述は具体的には次のようになる。

〈例〉本文
"A global economy requires a global policy framework (Bergsten *and* Graham, 1992 ; Kline, 1993 ; Brewer *and* Young, 1995b), including a set of rules that is consistent for trade and investment issues."
....
....

そして、上記本文に連動する巻末の文献リストは、次のとおりになる。

Reference List

....
Bergsten, F., *and* E. M. Graham. (1992). "Needed: New international rules for foreign direct investment." *The International Trade Journal*, Vol. 7, pp. 15-44.
....
Brewer, Thomas L., *and* Stephen Young. (1995a). "European Union policies and the problems of multinational enterprises." *Journal of Word Trade*, Vol. 29, No. 1, pp. 32-52.
―――― (1995b). "Toward a multilateral framework for foreign direct investment: Issues and scenarios." Transnational Corporations, Vol. 4, No. 1, pp. 69-83.
....

Kline, John M. (1985). *International Codes and Multinational Business.* Westport: Greenwood Press.
——— (1993). "International regulation of transnational business: Providing the missing leg of global investment standards." T*ransnational Corporations*, Vol. 2, No. 1, pp. 153-164.
・・

(1) 括弧方式の引用例

括弧方式を採用する場合の最低限のルールは、次のとおりである。

i 単著の場合 ⇒本書77頁に対応（以下同じ）

　　　（櫻井　1980年，11-13頁）
　　　（櫻井　1982，11-13頁）
　　　（櫻井，1982，11-13頁）
　　　（Stevens 1983，p. 25）
　　　（Moncan, 1996，p. 25）

著者名と出版年の間の句読点やカンマは使わないほうが多いが、使っても構わない。要は、最後まで記述方式が統一されていることである。

「頁」という字または"pp."、"p."を省略することもあるが、余り奨められない。例えば、"1998，1"などとすると、1頁と1月が混乱するおそれもある。

ひとつの括弧の中に2つ以上の文献を記入するときは、コロン（；）でつなげる。

　　　〈例〉
　　　（金澤　1979年；櫻井　1977年）
　　　(Oppenheimer 1994； Lowenfeld *and* Tillinghast 1977； Jackson 1977)
　　　(Oppenheimer, 1994； Lowenfeld *and* Tillinghast, 1977； Jackson, 1977)
　　　(Oppenheimer 1994； Lowenfeld & Tillinghast 1977； Jackson 1977)

人名は2行に切ってはいけない。

ii 共著の場合 ⇒本書81頁

　共著者が3人までのときは連記する。これに対し、ブルーブックでは2人以上の場合はすべて最初の著者以外を"ET AL."とする。

　　（櫻井・石田　1975年，45頁）
　　（国本・畑・細野，1984年，45頁）
　　（衞藤ほか　1989年，180-218頁）
　　（Katz *and* Brewster 1960, p. 53）
　　（Green, and Brewer, 1995, p. 53）
　　（Folsom, Gordon *and* Spanogle 1988, p. 123）
　　（Henkin *and others* 1993, p. 234）
　　（Henkin et al.）

　共著者が4人以上のときは最初の著者を記し、うしろに「ほか」もしくは「他」、または"and others"もしくは"et al."をつける。"et al."のときは"al."のように必ずピリオドを付す。記述を斜体（イタリック体）にするか立体にするかは自由であるが、著者名の一部でないことを明らかにするのであればイタリック体にしたほうがよいが、逆にAPAマニュアルではイタリック体にしてはいけないと定めている（American Psychological Association 2001, p. 224）。

　ブルーブックでは、前述のように著者が2人以上の場合はすべて"ET AL."とすることにしている（*Bluebook* 1996, p. 103）。

　他方、メイヤー（E. C. Maier）の *How to Prepare a Legal Citation*（以下、「メイヤー・マニュアル」と略す。）では、法学の論文の場合、著者全員分を最初の引用段階で記述することにしている。そして、その後の参照では"hereinafter"形式を使用し、"et al."も使用しないことにしている（Maier 1986, p. 104）。

　このメイヤー・マニュアルでは、下記の例では2回目の参照ないし引用以降、著者7人の中から先頭の2人だけを選んで記述することになる。しかし、2人だけ選ぶという方式は余り薦められない。

　　〈例〉
　　　R. Sandison, R. Anderson, I. Faggen, L. Garber, D. Lipson, J.

　　　　Schwieters & G. Warnick, *Federal Taxes Affecting Real Estate* 150-51 (4th ed. 1978) [hereinafter cited as Sandison & Anderson].
　　　　　　　↓
　　　(Sandison & Anderson 1979)

　これに対してAPAマニュアルでは、7人以上になったときは7人目までに略し、あとは"et al."とする（American Psychological Association, p. 224）。この方式も不自然である。

　以上のルールを日本語の文献に適用すると、次のようなことも起こってしまう。

〈例〉
　池田真朗・石田剛・岩志和一郎・浦川道太郎・岡孝・副田敬重・田高寛貴・野澤正充・山本豊『民法キーワード』有斐閣双書 K. 東京：有斐閣，2002年．
　　　　　　　↓
　（池田・石田・岩志・浦川・岡・副田・田高ほか　2002年）

　やはり冒頭に示したように、3人による文献では連記、4人以上のときは1人目だけを記述してあとを「ほか」でくくるという方式がすっきりしている。

〈例〉
　（国本・畑・細野　1998年）
　（衛藤ほか　1989年）
　（Kernis, and others 1998）
　（Kernis *and others* 1998）
　（Kernis et al. 1998）
　（Kernis *et al.* 1998）

　なお、ラテン系の国の場合、1人の著者名そのものの中に"and"に相当する"y"、"e"などが入っているので、2人以上の著者を接続するときは接続詞をイタリック体にしたほうがよい。この点で、APAマニュアルやメイヤー・マニュアルは、"and"よりも"&"（アンパーサンド）を

使用することを奨めている（Maier 1986, p. 104；American Psychological Association 2001, p. 223）。

なお、先に記したように、"et al."はイタリック体にしないほうが多い。

iii　べつの著者が翻訳した著書の場合　⇒本書82頁

　　　（Guérard 1974年, 389頁）

　　　（Calvo 1955, pp.17-18）

iv　同一著者の多数文献　⇒本書84頁

　　同じ著者が書いた文献を多数引用する場合には、本文の括弧の中では出版年にa、b、cなどをつける。

　　　〈例〉

　　　　（櫻井　2000a）

　　　　（櫻井　2000年b）

　　　　（U. S. Dept. of State 1995c）

　　　　（Dep't of State 1995c）

v　著者不明（出版年も不明）の場合　⇒本書84頁

　　　（『ASEAN産業高度化に向けた展望と課題』）［1995年］）

　　　（*The lottery* ［1732］, pp. 12-34）

vi　著者に相当する団体などの標記　⇒本書84頁

　　　（国際貿易投資研究所　1997年, 38頁）

　　　（American Law Institute 1965, p. 524）

vii　著者に相当する編者または編纂者がいる場合　⇒本書85頁

　　　（霜野・関根・有末　1996年, 123-24頁）

　　　（Campbell 1983, pp. 123-24）

viii　著作集の場合　⇒本書85頁

　　　（天野　1970年, 5巻68-110頁）

　　　（天野　1970, 5：68-110）

　　　（Coleridge 1884, Vol. 1, p. 18）

　　　（Coleridge 1884, 1：18）

ix　総合のタイトルと編者による多数巻の中で、個々のタイトルを持つ巻の場

合　⇒本書85頁

　　　（山田・渡辺監修　第 4 巻 123頁）または
　　　（山田・渡辺監修　4 ： 123）
　　　（Ray 1959, Vol.2, pp. 56-78）
　　　（Ray 1959，2：56-78）
　　　または
　　　（Hefner 1959, 56-78）

x　総合のタイトルと 1 人の著者による多数巻の中で、個々のタイトルを持つ巻の場合　⇒本書86頁

　　　（我妻　1970年，第 8 巻　427頁）
　　　（我妻　1970年，8：427）
　　　（Wright 1978, vol. 4, p. 90）
　　　（Wright 1978，4：90）

xi　シリーズ（双書）の中の著書の場合　⇒本書86頁

　　　（松枝編　1984年，中巻 123頁）
　　　（Khindria 1992, p. 123）

xii　編者がいるシリーズ（双書）の中の著書の場合　⇒本書86頁

　　　（斉藤ほか　1970年，123頁）
　　　（Horn, *ed.* 1980, p. 123）

xiii　ペーパーバック・シリーズの場合　⇒本書86頁

　　　（千一夜物語　1983年，第 1 巻 214頁）または
　　　（千一夜物語　1983年，1：214）
　　　（Folsom, Gordon *and* Spanogle 1992, p. 383）

xiv　復刻版の場合　⇒本書86頁

　　　（田中　1954年，13-14頁）
　　　（Commons 1959, pp. 143-45）

xv　英語以外の図書に英語を補足する場合　⇒本書87頁

　　　（Langen 1963, p. 144）

xvi　和書に英語を補足する場合　⇒本書87頁

　　　（櫻井　1994年，84頁）

xvii べつの著者の著作の一部分の場合 ⇒本書87頁

　　　（宇佐見　1983，150頁）

　　　（Tan 1987, p. 65）

xviii 1人の著者の著作の一部分の場合 ⇒本書87頁

　　　（櫻井　1997年，471頁）

　　　（Nugent 1994, p. 218）

xix 書簡・インタビューの場合 ⇒本書87頁

　手紙を書いた人、インタビュウィー（インタビューを受けた人）などを記す。

　　　（安藤　1972）

　　　（太寿堂　1972）

　　　（Spock 1974）

xx 学術雑誌の場合 ⇒本書88頁

　　　（米谷　1997年，73-75頁）

　　　（木村　1997年7月，192頁）

　　　（Karl 1996, p. 6）または

　　　（Karl 1996, 6）

xxi 新聞記事の場合 ⇒本書91頁

　　　（櫻井　1985年，31頁）

　　　（Anderson 1972, p. B13）または

　　　（Anderson 1972, B13）

xxii （日米）政府刊行物の場合 ⇒本書92頁

　　　（日本．経済産業省　2002年，120頁）

　　　（経済産業省　2002年，120頁）

　　　（U. S. Department of Commerce 1984, p. 29-30）

　　　（U. S. Dept. of Commerce 1984, 29-30）

　　　（U. S. Dep't of Commerce 1984, 29-30）

　　　（Department of Commerce 1984, pp. 29-30）

　　　（Dept. of Commerce 1984, 29-30）

　　　（Dep't of Commerce 1984, 29-30）

xxiii インターネットを使用した場合　⇒本書93頁
基本的には、印刷物の場合の記述方式と同じである。

〈例〉
（日本．外務省　2002，1-2頁）
（McCoy 2001, p. 5）
（U. S. White House 2002, pp. 1-3）

xxiv CD-ROM、ディスケット等を使用した場合　⇒本書97頁
基本的には、インターネットの場合の記述方式と同じである。

〈例〉
（日本貿易振興会　2000）
（マイクロソフト・エンカルタ総合大百科　2002）
（Galloway 1993）
（*Oxford English dictionary* 1992）
（*Practioner's deskbook series: NAFTA* 1994）

(2) 番号を利用する方法

ときには、巻末文献リストに収録した文献に一連番号を付し、本文中でその番号を例えば（文献3，123）、［文献3，234］などとすることがある。記述が完了すればすっきりとしたものになるが、論文執筆中に文献の加除を繰り返す場合には十分な注意が必要である。

(3) 巻末引用文献リスト作成の約束ごと

はじめに説明したように、この括弧方式の引用を行なった場合には、巻末（または章末）に次のような引用文献リストを収録する必要がある。

i　単著の場合　⇒本書163頁

基本的には、著者名（Author's name）、出版年（Publication date）、本タイトル（The Title/Main title of the book）—（または：）副タイトル（Subtitle）—、出版地（Location）、出版者（Publisher）の順で記述する。

〈例〉
　　櫻井雅夫．1980年．『危ない国の研究―カントリー・リスクにどう対応するか―』東経選書．東京：東洋経済新報社．
　　櫻井雅夫．1980年．『危ない国の研究：カントリー・リスクにどう対応するか』東経選書．東京：東洋経済新報社．
　　　　この場合、著者名の次のピリオドを省き、さらに出版年を角括弧ないしブラケット（[ ]）に入れ、ピリオドをとることもある。
　　櫻井雅夫（1982）カントリー・リスク―海外取引の危険にどう対応するか―．有斐閣選書 422．東京：有斐閣．
　　櫻井雅夫（1982）．カントリー・リスク：海外取引の危険にどう対応するか．有斐閣選書 422．東京：有斐閣．
　　櫻井雅夫［1982］カントリー・リスク―海外取引の危険にどう対応するか―．有斐閣選書 422．東京：有斐閣．
　　　　さらに書名の二重カギ括弧（『　』）を省略することもあるが、論文と図書の区別がわからなくなることもあるので、余り奨められない。
　　Stevens, Robert. 1983. *Law school: Legal education in America from the 1850s*. Chapel Hill, N.C.: The University of North Carolina Press.
　　Stevens, Robert. (1983). *Law school: Legal education in America from the 1850s*. Chapel Hill, N.C.: The University of North Carolina Press.
　　　　APAマニュアルの場合は、出版年について上記の方式をとっている。
　　Moncan, Patrice de, 1996. *Guide littéraire des passages de Paris*. *Paris*: Hermé.

　重要なことは、シカゴ・マニュアルでは、このように括弧方式で巻末引用文献方式をとる場合には①出版年がその他出版事項（出版地、出版者）から切り離されて、著者名のすぐ後に記述されていること、②洋書の場合に最初の著者の姓名がインバートされること、である（インバートするときの注意事項は、本書155頁。②の点については、ほかのマニュアルでは脚注方式や巻末注方式の場合にも最初の著者の姓名をインバートすることになっている。どのルールによるかは自分で決めるか、または論文提出先の規則によることになる）。
　和書の場合に、日本語の句読点（。）と英語の全角ピリオド（．）のい

ずれの方式をとるかは自由であるが、論文を縦書きで執筆する場合には当然に日本語の句読点になる。

　もうひとつ注意すべきことは、シカゴ・マニュアルの場合、洋書（英文）の場合に書名のなかで本タイトルと副タイトルの先頭のワードは大文字で始めるが、そのほかの単語は（固有名詞を除き）小文字になるということである。もちろん、ドイツ語文献の場合には、名詞を小文字に変えることはしない。

　原著名が例えば英語の場合には、各ワードの先頭を小文字にするか大文字にするかは問題である。APAマニュアルやかつてのLCルールでは先頭と固有名詞は大文字になるが、現行のMLAハンドブックやシカゴ・マニュアルのルールは、およそ次のとおりである。すなわち、大文字にするものは、名詞、代名詞、動詞、形容詞、副詞、従属接続詞ないし接続詞の働きをする疑問詞、群接続詞であり、小文字にするものは、冠詞、前置詞、等位接続詞、不定詞をとる"to"である。ハイフンでつながる複合語のワードも大文字にする。上記のうち、従属接続詞ないし接続詞の働きをする疑問詞、群接続詞とは after, although, as if, as soon as, because, before, even if, if, since, that, unless, until, when, where, while などのことであり、等位接続詞とは and, but, for, nor, or, so, yet などのことである（本書107頁参照）。

〈例〉
The Teaching of Spanish in English-Speaking Countries.
Storytelling and Mythmaking: Images from Film and Literature.

Life As I Find It.
"*What Americans Stand For.*"

いずれの方式でもよいが、要は統一されていることである。

　上記の例のなかには、出版年にしブラケット（[ ]）を使用したものがある。これは、丸括弧よりも記述にアクセントがつくからである。しかしながら、図書館のルールやシカゴ・ルールによれば、角括弧は出版年の記述が当該図書のどこにも見当らないこと、およびその出版年を別の

手段で探し当ててそれを補ったことを意味している。したがって、そういう誤解を避けるためには、ALAルールのようにブラケットで0.5行下げるとか、丸括弧で"(1982)"とするとか、工夫をしたほうがよい。

　これらの記述の例にどのような工夫を加えるかは自由であるが、提出先の要件があればべつである。例えば、ブルーブックでは、大きい大文字（large capital）と小さい大文字（small capital）の組み合わせで記述する。そして、上記のルールで大文字になるレターは大きな大文字（large capital）になり、上記のルールで小文字になるレターは小さな大文字（small capital）になる。しかも、イタリック体を全く使わない。

　〈例〉
　CATHARINE A. MACKINNON, ONLY WORDS 57 (1993).
　HAROLD HONGIU KOH, THE NATIONAL SECURITY CONSTITUTION 133-46(1990).
　L. A. HART, THE CONCEPT OF LAW 1921(1961).

　これを巻末引用文献リストに適用すれば、次のようになる。

　〈例〉
　MACKINNON, CATHARINE A. 1993. ONLY WORDS　57.
　KOH, HAROLD HONGIU. 1990. NATIONAL SECURITY CONSTITUTION 133-46.
　HART, H. L. A. 1961. THE CONCEPT OF LAW 1921.

　この方式は日本の大学紀要などでも見かけるが、とくに縦組みの論文の中で使用されているときは、本文の日本字のポイントとのバランスをよく考えないと、かなり重い感じになる。

　また、上記の例のように出版年を丸括弧、ブラケット（[　]）に入れるとか、和書の場合に著者名をピリオドで区切るとか、出版年の「年」を省略するとか、メイン・タイトルとサブ・タイトルをコロン（：）でつなげるというようなことも、レポート・論文の提出先で要件としていればそのようにすることもある。

〈例〉
櫻井雅夫．1982年．『カントリー・リスク―海外取引の危険にどう対処するか―』有斐閣選書 422．東京：有斐閣．

櫻井雅夫［1982］．カントリー・リスク―海外取引の危険にどう対処するか―．東京：有斐閣．

櫻井雅夫．1982．カントリー・リスク：海外取引の危険にどう対処するか．東京：有斐閣．

Noland, Marcus. 1990. *Pacific basin developing countries*：*Prospects for the future*. Washington, D.C.： Institute of International Economics.

Moran, Robert T., *and* Jeffrey Abbott.（1994）．*NAFTA*：*Managing the cultural differences.* Houston, Tex.： Gulf Publishing Co.

必要以上に括弧や句読点を省略することは、余り奨められない。その理由は、文献の記述がその著者のメモではなく、あくまでも他の研究者や次代の研究者を当該文献に確実にアクセスさせるためのものだからである。

ii　共著の場合　⇒本書166頁

共著では、3人までは連記し、4人以上の場合には最初の1人の名前または最も重要な著者1名）を記述し、「他」または「ほか」という文字をつけるのがよい。そうでないメイヤー・マニュアル、ブルーブック、APAマニュアルの方式は、前述のとおりである（本書72頁参照）。

最初の著者の氏名については、洋書の場合には最初の著者名のみをインバートして記述する。ただし、APAマニュアルではすべての著者名をインバートしている（下記の例参照）。

これらのルールは雑誌などの場合も同じである。「ほか」とするか「他」とするかは自由であるが、「他」が名前の一部ではないことを明らかにするためには「ほか」のほうがよいかもしれない。

〈例〉

櫻井雅夫・石田暁恵編．1976年．『資源・一次産品関係資料集』経済協力調査資料 64．東京：アジア経済研究所．

国本伊代・畑恵子・細野昭雄．1984年．『概説メキシコ史』有斐閣選書 849．東京：有斐閣．

衞藤瀋吉ほか．1989年．『国際関係論』2版．東京：東京大学出版会．

衞藤瀋吉・渡辺昭夫・公文俊平・平野健一郎．1989年．『国際関係論』2版．東京：東京大学出版会．

Katz, Milton, *and* King Brewster. 1960. *The law of international transactions and relations*. New York: Foundation Press.

Green, Carl J., *and* Thomas L. Brewer, *jt.* ed. 1995. *International investment issues in the Asia Pacific-region and the role of APEC*. Dobbs Ferry, N.Y.：Oceana Publications.

　　　　　上記の場合には、最初の編者だけが姓を先頭にインバートされている。

Folsom, Ralph H., Michael Wallace Gordon, *and* John A. Spanogle, Jr. 1988. *International business transactions: A problem-oriented coursebook*. St. Paul, Minn.：West Publishing Co.

Kernis, M. H., Cornell, D. P., Sun, C.-R., Berry, A., & Harlow, T. (1993). There's more to self-esteem than whether it ishigh or low: The importance of stability of self-esteem. *Journal of Personality and Social Psychology*, 65, 1190-1204.

　　　　　上記の例は APA マニュアルによるもので、すべての著者の姓がインバートされている。少なくとも日本人には、とても読みにくい。

Henkin, Louis, *and others*. 1993. *International law*. 3d ed. St. Paul, Minn.：West Publishing Co.

Henkin, Louis, et al. 1993. *International law*. 3d ed. St. Paul, Minn.：West Publishing Co.

iii　べつの著者が翻訳した著書の場合　⇒本書169頁

　基本的には、原著者名(原綴)、訳書の出版年、訳書名、訳者名、出版地、出版者、出版年、頁づけ、(原書名)の順で記述する。

　文献リストを作るときは姓名は姓を先にしてインバートする。引用す

る場合にはインバートしない。

〈例〉
 Guérard, Albert. 1974年．『世界文学序説』（中野好夫訳）東京：筑摩書房．（原書名：*Preface to world literature*. New York: Holt and Company, 1940)
 Johnson, Seila K. 1986年．『アメリカ人の日本人観』（鈴木健次訳）東京：サイマル出版会．（原書名：*American attitude toward Japan, 1941-1984*）
 Calvo, Carlos. 1955. *The Calvo clause*. Translated by Donald Shea. Minneapolis, Minn.： University of Minnesota Press.
 Anouilh, Jean. 1955. *The lark*. Translated by Christopher Fry. London: Methuen.

訳本のどこを探しても原著者のフルネームがわからないときや、姓名のインバートの場所がわからないときは、図書館からメディアセンターの司書か職員に相談して、先述のアメリカのWorldCatや日本のNAC-SISを利用する(65頁)。それでもわからないときは、出版者や訳者に問い合わせる。（やや誇張して言えば、原著者、原文、出版地・出版者・出版年を記述していないような邦訳本は、学術文献としては問題である。）

イニシャルしかわからない場合にフルネームを埋めたいときは、8レター分は開けておき後日判明したときに埋めるというのが、LC、ALAルールである。埋めた部分は、ブラケット（[ ]）で挟む。

〈例〉
De la Rey, J□□□□□□ H□□□□□□. ………
 ↓
De la Rey, J[acobus] H[ercules]

原著名が、例えば英語の場合には、各ワードの先頭を小文字にするか大文字にするかは問題である。いずれの方式でもよいと思うが、要は統一されていることである（詳しくは、79頁参照）。

〈例〉
 （原書名：*Law school: Legal education in America from the*

1850s. Chapel Hill, N.C.： The University of North Carolina Press)
（原書名：United States bilateral investment treaties: The second wave. *Michigan Journal of International Law* 11）．

iv　同一著者の多数文献　⇒本書164頁

　　一般にはまず出版年順で排列し、次に同一出版年のときはこれにa、b、cなどの文字をつける。

　　　　櫻井雅夫 2000a．『開発協力：その仕組みと法』東京：国際経済法センター．
　　　　――― 2000b．『新国際投資法：貿易と投資の相互作用』東京：有信堂．
　　　　――― 2001．『国際経済法うちそと』東京：国際経済法センター．
　　　　United States. Dep't of Commerce (1995a)．*U. S. direct investment abroad: Operations of U. S. parent companies and their foreign affiliates. Preliminary* 1993 *estimates.* Washington, D.C.： U. S. Government Printing Office.
　　　　――― (1995b)．"U. S. direct investment abroad: detail for historical-cost position and related capital and income flows, 1994," *Survey of Current Business*, Vol.75, No.8, August.
　　　　――― (1995c)．*U. S. direct investment abroad: Operations of U. S. parent companies and their foreign affiliates. Revised* 1992 *estimates.* Washington, D.C.： U. S. Government Printing Office.

v　著者不明（出版年も不明）の場合　⇒本書167頁

　　　　『ASEAN産業高度化に向けた展望と課題』［1995年］．東京：通商産業省．
　　　　The lottery. [1732]. London: J. Watts.
　　　　　　この例では、何らかの手段によって出版年が明らかにできたことを示している。

vi　著者に相当する団体などの標記　⇒本書168頁

　　　　国際貿易投資研究所．1997年．『多数国間投資協定に関する調査研究』東京：国際貿易投資研究所．

American Law Institute. 1965. *Restatement of the law（Second）：Foreign relations law of the United States.* Adopted and promulgated by the American Law Institute. St. Paul, Minn.： American Law Institute Publishers.

vii 著者に相当する編者または編纂者がいる場合　⇒本書169頁

霜野寿亮・関根政美・有末賢編．1996年．『社会学入門』東京：弘文堂．
Campbell, Dennis, *ed*. 1983. *Legal aspects of doing business in Western Europe.* International business series. Deventer： Kluwer Law and Taxation Publishers.

下記はAPAマニュアルのルールによる標記であり、"ed."を"(Ed.)"としている。

Robinson, D. N. (Ed.). (1992). *Social disclosure and moral judgment.* San Diego, CA: Academic Press.
カリフォルニア州が"Calif."でなく"CA"となっているが、郵便用の略号はアメリカ人向けでない論文ではあまり使用しないほうがよい（本書56頁参照）。

viii 著作集の場合　⇒本書170頁

天野貞佑．1970年．『天野貞佑全集』第5巻 教育論．東京：栗田出版会．特に「新しい大学のビジョン」。
Coleridge, Samuel Taylor. 1884. *The complete works of Samuel Taylor Coleridge.* Edited by W. G. T. Shedd. Vol.1, Aids to reflection. New York: Harper & Bros.

ix 総合のタイトルと編者による多数巻の中で、個々のタイトルを持つ巻の場合　⇒本書170頁

山田辰雄・渡辺利夫監修．1994年．『講座現代アジア』第4巻 地域システムと国際関係（平野健一郎編）東京：東京大学出版会．
Ray, Gordon N., *ed.* 1959. *An introduction to literature.* Vol. 2, *The nature of drama,* by Hubert Hefner. Boston: Houghton Mifflin Co.

x 総合のタイトルと1人の著者による多数巻の中で、個々のタイトルを持つ巻の場合 ⇒本書171頁

> 我妻榮．1970年．『民法研究』第8巻 憲法と私法．東京：有斐閣．
> Wright, Sewall. 1978. *Evolution and the genetics of populations.* Vol.4, *Variability within among natural populations.* Chicago: University of Chicago Press.

xi シリーズ（双書）の中の著書の場合 ⇒本書172頁

> 松枝茂夫編．1984年．『中国名詩選』岩波文庫770．東京：岩波書店．
> Khindria, Tony. 1997. *Foreign direct investment in India.* Foreign Investment in Asia Series. London: Sweet & Maxwell.

xii 編者がいるシリーズ（双書）の中の著書の場合 ⇒本書172頁

> 斉藤孝ほか．1970年．『第一次世界大戦』荒松雄ほか編『岩波講座世界歴史24，現代；1』東京：岩波書店．
> Horn, Norbert, *ed*. 1980. *Legal problems of codes of conduct for multinational enterprises.* Studies in Transnational Economic Law, ed. Norbert Horn, Clive M. Schmitthoff and Richard B. Buxbaum, vol.1. Deventer: Kluwer B. V.

xiii ペーパーバック・シリーズの場合 ⇒本書173頁

> 『千一夜物語』1983年．（豐島与志雄ほか訳）東京：岩波書店．（アラビア語の原文からの次のフランス語版使用：*Le Livre des mille nuits et une nuit,* par le Dr. J. C. Mardrus）
> Folsom, Ralph H., Michael Wallace Gordon, *and* John A. Spanogle, Jr. 1992. *International business stransactions.* 4th ed. St.Paul, Minn.：West Publishing Co., West Nutshell Series.

xiv 復刻版の場合 ⇒本書174頁

> 田中耕太郎．1954年．『世界法の理論』東京：岩波書店，1932-34年；復刻版，東京：春秋社．（頁づけは復刻版による）．
> Commons, John R. 1959. *Legal foundation of capitalism.* New York:

Macmillan Company, 1924: reprint, Madison, Wis.: The University of Wisconsin. (page references are to reprint edition).

ⅹⅴ 　英語以外の図書に英語を補足する場合　⇒本書175頁

Langen, Eugen. 1963. *Studien zum internationalen Wirtschaftsrecht*. [Studies on international economic law]. München: C.H.Beck'sche Verlagsbuchhandlung.

　　出版地"München"は、シカゴ・マニュアルでは英語名の"Munich"となる。

ⅹⅵ　和書に英語を補足する場合　⇒本書176頁

櫻井雅夫．1994年．『国際開発協力法』[*Kokusai-kaihatsu-kyoryoku-ho.* Law of international development co-operation］ 東京：三省堂．

ⅹⅶ　べつの著者の著作の一部分の場合　⇒本書176頁

宇佐見滋．1983年．「パクス・アメリカーナの挫折」有賀貞・宮里政玄編『概説アメリカ外交史』有斐閣選書 108．東京：有斐閣．

Tan, Gerald. 1987. ASEAN preferential trading arrangements. In *ASEAN at the crossroad*. ed. Noordin Sopiee, Chew Lay See *and* Siang Jin, pp. 63-70.

ⅹⅷ　1人の著者の著作の一部分の場合　⇒本書177頁

櫻井雅夫「NAFTA における貿易・投資の自由化」同『国際経済法』新版．現代法律学体系．第15章．東京：成文堂．

Nugent, Neil. 1994. EU law and the Court of Justice. Chap. 8 in *The government and politics of the European Union*. 3d ed. Durham, N.C.: Duke University Press.

ⅹⅸ　書簡・インタビューの場合　⇒本書183頁

　文献でないもの、例えば手紙やインタビューを引用するときは、手紙を書いた人、インタビュウィーなどをメイン・エントリーとする。例えば、

Ⅴ　括弧方式文献リスト

「"しのびよる収用"は"潜行型収用"としたほうがよいのではないか（安藤仁介教授が、1972年8月に、櫻井の論文「しのびよる国有化」に対してコメントを行なった書簡）、との意見もある。」
というような場合や
「国際経済法は帰納法的アプローチによるほうがよいのかもしれないとの見解を示した（太寿堂鼎教授が、1972年8月に、櫻井が京都大学同教授研究室で国際経済法研究方法論に関して行なったインタビューで発言したもの）」
というような場合は、次のようになる。

〈例〉
安藤仁介．1972年．櫻井雅夫に対する書簡．1972年8月．
太寿堂鼎．1972年．櫻井雅夫によるインタビュー．1972年8月．
Spock, Benjamin. 1974. Interview by Milton J. E. Senn, 20 November. Interview 67A, transcript. Senn Oral History Collection, National Library of Medicine, Bethesda, Md.

xx　学術雑誌・総合雑誌の論文・記事の場合　⇒本書179頁

　学術雑誌の論文の場合には、基本的には、執筆者、出版年、本タイトル、副タイトル、収録雑誌名ないし逐次刊行物名、巻号、月（日）、頁づけの順で記述する。雑誌名ないし逐次刊行物名に類似のものがある場合には、雑誌名ないし逐次刊行物名の次に発行者名を記入し丸括弧に入れる。

　参考までに、逐次刊行物（serial）とは、共通のタイトルのもとで各冊が定期または不定期に巻号または年月などの追い番号をもって完結の時期を予定することなく刊行されるものの総称である。このうち、所定の間隔（interval）ないし頻度（frequency）で刊行されるものは定期刊行物（periodical）とよばれる。したがって、例えば3カ月ごとに年4回刊行されるものは季刊（quarterly）の定期刊行物であり、年4回といっても刊行の間隔が不定のものは逐次刊行物ではあるが定期刊行物ではない（逐次刊行物の頻度の略号は、本書63頁）。

〈例〉

木村福成．1997年．「日系多国籍企業と経済統合：企業国籍アプローチの一応用」『三田学会雑誌』(慶應義塾大学)90巻2号，7月，192(通し390)頁．

米谷匡史．1997年．「戦時期日本の社会思想—現代化と社会変革—」『思想』1977年12月号（通巻882号），1977年12月，73-75頁．

櫻井雅夫．1988年．会社の国籍：アメリカの国際投資を中心に (1, 2) 法学研究（慶應義塾大学）61巻（3，4月），23-59，63-89頁．

櫻井雅夫．2002年．「アメリカの投資奨励保護協定（上・下）」『国際商事法務』30巻9，10号，2002年9，10月，1208-12，1373-80頁．

Vagts, Detlev F. (1961). The corporate alien: Definitional question in federal restraints on foreign enterprise. *Harvard Law Review*, 74 (Fall): 1-20.

Karl, Joachim. 1996. "The promotion and protection of German foreign investment abroad." *ICSID Review - Foreign Investment Law Journal*, Vol. 11, No. 1, Spring, pp. 1-36.

出版年の個所で「月」などを一括記述する方式もある。

〈例〉

木村福成．1997年7月．「日系多国籍企業と経済統合：企業国籍アプローチの一応用」『三田学会雑誌』(慶應義塾大学)90巻2号，192(通し390)頁．

Vagts, Detlev F. (1961, Fall). The corporate alien：Definitional question in federal restraints on foreign enterprise. *Harvard Law Review*, 74：1-20.

ここで注意すべきことは、外国の論文名に関する大文字と小文字の使い分けは前述の図書の場合と同じであるが、収録雑誌名のワードは冠詞と前置詞を除き大文字で始めることである。もっとも、雑誌名にユネスコが定めた略称（本書100頁参照）を使うときは、必ずしもすべてが大文字になるわけではない。

日本語の論文の場合、雑誌名と収録論文名の識別が不十分になるおそれがあるときは、論文をカギ括弧(「　」)、雑誌名を二重カギ括弧(『　』)

で挟むという方式がよいかもしれない。英語論文の場合には、雑誌名をイタリック体またはアンダーライン付きの立体にするので両者の区別はつく。

　ブルーブックに拠るときは逆に論文名が立体で雑誌名がイタリック体になる。しかも、雑誌・新聞名のワードが大きい大文字（large capital）と小さい大文字（small capital）の組み合わせになっている。

　　〈例〉
　Carolyn Heilbrun & Judith Resnik, *Convergences: Law, Literature, and Feminism,* 99 YALE L. J. 1913, 1942 n.122 (1990).
　Karen J. Brothers, Comment, *Disagreement Among the Districts: Why Section 327(a) of the Bankruptcy Code Needs Help,* 138 U. PA. L. REV. 1733, 1738 (1990).
　Ruth Bader Ginsburg & Barbara Flagg, *Some Reflections on the Feminist Legal Thought of the 1970s,* 1989 U. CHI. LEGAL F. 9, 11.
　Lynn Hirschberg, *The Misfit,* VANITY FAIR, Apr. 1991, at 158.
　Andrew Rosenthal, *White House Tutors Kremlin in How a Presidency Works,* N. Y. TIMES, June 15, 1990, at Al.

　論文の場合には、和文の場合にはカギ括弧（「　」）、英文の場合にはクオーテーション（"　"）で挟むと見やすくなることは確かである。

　　〈例〉
　櫻井雅夫．1988年．「会社の国籍—アメリカの国際投資を中心に—（1,2）」
　　『法学研究』（慶應義塾大学）61巻3, 4号（3, 4月）, 23-59, 63-89頁.
　Vagts, Detlev F.［1961］. "The corporate alien: Definitional question in federal restraints on foreign enterprise," *Harvard Law Review*, 74（Fall）, pp. 1-20.

　いずれの基準にせよ、文献リスト全体を通じて記述を統一しておかなければならない。

　総合雑誌の論文・記事の場合には、執筆者がいるときは執筆者、出版年、タイトル、収録雑誌名ないし逐次刊行物名、（発行者。必要があれば）、巻号、月（日）、頁づけの順で記述する。執筆者が特定されていないときは、雑誌名、年月日、頁づけの順で記述する。

xxi　新聞記事の場合　⇒本書181頁

　基本的には、新聞名、年月日、頁づけの順で記述するだけである。もちろん、分厚い新聞の場合には相応の配慮、例えば第何版の第何部の第何欄というような事項は記述したほうがよい。

　執筆者がはっきりしている場合には雑誌論文のカタロギングに準じるが、そうでないときは収録新聞、年月日、頁づけとなる。

　〈例〉
　櫻井雅夫．1985年．「どう進める国際投資保険（経済教室）」『日本経済新聞』（朝），7月16日，25頁．
　「ドイツ―経済構造改革が急務に―」『日本経済新聞』（Monday Nikkei），1997年10月27日，47頁．

　外国紙の場合、文献リスト方式と括弧方式の記述は似ていて、脚注の内容と同じであるが、執筆者名のインバートや大文字、句読点などが僅かに違っている。

　〈例〉
　Anderson, Jack. 1972. "Memos bare ITT try for the Chile coup," *The Washington Post*, 21 March, p.B13.
　または
　Anderson, Jack. 1972. Memos bare ITT try for the Chile coup. *Washington Post*, 21 March, p.B13.

　年月日の記述は英語では「月日、年」と「日月年」の2種がある。大方のマニュアルは後者を採用しているが、ブルーブックは前者を採用している。前者のときは、上記の例では"March 21"または"Mar. 21"となる。

　ブルーブックは、新聞記事の引用の記述は雑誌論文の記事の場合と同じく記事名を斜体、新聞名を立体で記述する方式を採用している。

　〈例〉
　Art Chung, *Apart, Together,* Yale Herald, Jan. 19, 1993, at 7.

　Cop Shoots Tire, Halts Stolen Car, S. F. Chron., Oct. 10, 1975, at 43.

Jane Gross, *Silent Right: Lawyer Defends Principles from Her Jail Cell,* CHI. TRIB., Mar. 3, 1991, § 6, at 6.

Nancy Reagan, Editorial, *Just Say "Whoa,"* WALL ST. J., Jan. 23, 1996, at A14.

Michael Harwood, *The Ordeal: Life as a Medical Resident,* N. Y. TIMES, June 3, 1984, § 6 (Magazine), at 38.

Trial Judge Will Not Give Enquiry Evidence, TIMES (London), June 13, 1990, at 3.

　日本の新聞でも、東京版と地方版とでは内容がかなり違うことがあり、東京版でも刷りによって内容が違うこともあり得るので頁づけはあくまでも参考になるだけである。

　アメリカの新聞は分厚いから、版、部、カラムなどを明記しないと検索に苦労することが多い。

xxii （日米）政府刊行物の場合　⇒本書184頁

　　日本．外務省．2003年．『政府開発援助（ODA）白書，2002』東京：国立印刷局．

　　日本．経済産業省．2002年．『通商白書，2002：東アジアの発展と日本の針路』東京：ぎょうせい．

　　U. S. Department of Commerce. International Trade Administration. 1984. *International direct investment*： *Global trade and the U. S. role.* Washington, D. C.：GPO.

　『日本目録規則』（本書文献リスト［目録規則］の項参照）では、日本の政府刊行物には「日本」を標記しないことになっている。この規則にのっとって例えばビブリオグラフィーを作成する場合には、上記の例では「経済産業省」から標記することになる。したがって、ビブリオグラフィーでは「ケイ」（Kei）でファイル（排列）されることになる。この規則では外国の政府刊行物の場合には当該国の名称を標記するとされているが、外国の研究者の便を参酌すれば、日本の政府刊行物でも「日本」を標記するのが整合的かもしれない（本書129頁参照）。

　シカゴ・マニュアルでは、括弧方式の場合には省庁およびその部局の

前に国名を標記している。これはビブリオグラフィー作成の場合も同じである。これに対し脚注方式の場合には国名が省略されている（本書130頁参照）。また、"Department"は、議会図書館(LC)ルールでは"Dept."となり、マニュアルによっては"Dep't"となる。さらに、"Government Printing Office"は、シカゴ・ルールでは"GPO"となるが、LCルールでは"U. S. Govt. Print. Off."となる。

(4) インターネットで入手した資料の場合　⇒本書188頁

本書の最初のほうで記したが、インターネットで入手した資料を引用するときは、あとでその資料にアクセスできることが条件となる。しかし、往々にして当該資料が削除されていることがあるので、引用資料として利用するか否かの判断には十分の配慮が必要である。

アメリカでも、記述ルールは確立されていないし、かなり混乱している。基本的には資料の記述は、通常の文献標記方式と同じである（例えば、本書77、101頁参照）。これと違う点ないしこれに加わる点は、次のとおりである。

1） 電子出版の年（＋月、日）を記すということ（もし分かれば）。記入する位置については、例えば、APAマニュアルでは著者名と資料名との間とし、またシカゴ・マニュアル、MLAハンドブック、ブルーブックでは資料名のうしろにするなど、一様ではない。電子出版年を丸括弧で挟むこともある。

2） URLを記すということ。URLについて、*Microsoft Word 97 Field Guide*は、次のように説明している（アメリカ大統領とその家族に関する伝記上のデータを提供する頁の例）。

http://www.whitehouse.gov/White_Housu/html/Life.htm

　　http://　　　　　　Hypertext transfer protocol. このリソースがWorld Wide Webの一部であることを示す。

　　www.whitehouse.gov/　サーバを特定する。

| White_Housu/html/ | World Wide Web 文書のディレクトリとサブディレクトリの名前である。
| Life.htm | World Wide Web 文書の名前である。

また、APA マニュアルは、次のように説明している。

```
        Protocol    Host name   Path to document
        http://www.apa.org/monitor/oct00/workplace.html
                                         Full name of specific document
```

URL を記す位置は、資料名または電子出版年の後ろである場合が多い。URL は " 〈 〉 " や " [ ] " で挟むこともある。

3) サイトにアクセスした（サイトをオープンした／ヴィジット＜visit＞した／レトリーブ＜retrieve；検索＞した）年月日を記すということ。記す位置は、資料のうしろの電子出版年のうしろ（例えば、MLA ハンドブック）、URL のうしろ（例えば、シカゴ・マニュアル）など、一様ではない。アクセスした年月日は丸括弧で挟むことが多い。

〈例〉

＜APA マニュアルの場合＞

Electronic reference formats recommended by the American Psychological Association. (2000, October 12). Retrieved October 23, 2000, from http://www.apa.org/journals/webref.html

Eid, M., & Langenheine, R. (1999). The measurement of consistency and occasion specificity with latent class models: A new model and its application to the measurement of affect. Psychological Methods, 4, 100-116. Retrieved November 19, 2000, from the PsycARTICLES database.

＜MLA ハンドブックの場合＞

Stempel, Carl William, "Towards a Historical Sociology of Sport in the United States, 1825-1875." *DAI* 53 (1993): 3374A. U of Oregon, 1992. *Dissertation Abstracts Online*. Online. OCLC Epic. 3 Dec. 1993.

"*DAI*" は "*Dissertation Abstracts International*"（本書19頁参照）。
"OCLC は Online Computer Library Center, Inc."（本書65頁参照）

Lindsay, Robert K. "Electronic Journals of Proposed Research." *EJournal* 1.1(1991)： n.pag. Online. Internet. 10 Apr. 1991.

Angier, Natalis. "Chemists Learn Why Vegetables Are Good for You." *New York Times* 13 Apr. 1993, late ed.： C1. *New York Times Online*. Online. Nexis. 10 Feb. 1994.

Octovian. Ed. Frances McSparran. Early English Text Sec. 289. London: Oxford UP, 1986. Online. U of Virginia Lib. Internet. 6 Apr. 1994. Available FTP:etext.virginia.edu.

一度図書、雑誌などで発表したものをウエブ・サイト上で発表した場合には、通常の文献情報の中に記入されているオリジナルの出版年（＋月日）と電子出版年（＋月日）が併記されることもあり、さらに三つ目のアクセス年月日が追記されることになる。

文献情報の中に出版年がない場合、そのあとに括弧をつけずに電子出版年を記入すると、それがオリジナルの出版年と誤解されることがある。したがって、このときは括弧を使ったほうがよい。

同様なことは、アクセスした年月日にも言える。アクセスした年月日だけ記入すると、出版年と混同するおそれがある。したがって、このときはアクセスしたことを示す言葉を加えたほうがよい。

ここでは、ひとつの解決策として次のような方式を示しておく。

1　通常の文献情報、
2　（電子出版年（＋月日））、
3　〈URL〉、
4　（アクセスしたことと、その年月日）

URL の記述については、レイアウト上これを２行にしなければならない場合も出てくる。その場合には、少なくともプロトコル（"http://"）は切らず、次のサーバ以下の適当な個所で切る。どの個所が適当な個所かという判断の基準はアメリカでも定着していない。例えば MLA マニュアルで紹介されているのは、①上記プロトコルで切る、② URL の句読

点（例えば、"~"、"-"、"_"、"."、"/"）の前で切る、③切るときは行末にハイフン（"-"）を加えない、というものである。ただし、APA マニュアルでは②の場合に、スラッシュ（"/"）のときはその後、ピリオド（"."）のときはその前で切ることを勧めている。③については、APA マニュアルも同じである。

〈URL〉のところを［URL］としたり、（アクセスしたことと、その年月日）のところを［アクセスしたことと、その年月日］とするのもよい。

電子出版年月日とアクセスした時の年月日を「日月年」の順で記述するというマニュアルもある。電子出版年（＋月日）が不明のときは、省略する。

〈例〉

日本．経済産業省．国際経済課．2002．『経済連携協定についての考え方と最近の動向』（東京：経済産業省），6頁．（2002年5月）
　　〈http://www.meti.go.jp/policy/trade_policy1/epa/html/epa_0201.html〉（検索日：2002年7月11日）

日本．外務省．2002．『「大統領貿易促進権限（Trade Promotion Authority）」について』（東京：外務省），1-2頁．（2002年5月24日）〈http://www.mofa.go.jp/mofaj/area/usa/keizai/eco_tusho/tpa.html〉（アクセス日：2002年8月7日）

世銀投資紛争解決条約に基づく投資紛争解決国際センター（ICSID）への付託事件．(n.d.) 次の URL 参照．〈http://www.worldbank.org/icsid/cases/cases.htm〉

McCoy, Terry L. 2001. *The Free Trade Area of the Americas: Opportunities and challenges for Florida* (Gainesville, Fla.: University of Florida. Center for Latin American Studies, 2001), pp.1-9. (Mar. 2001) 〈http://www.latam.ufl.edu/publications/ftaa_paper.html〉 (opened Aug. 25, 2002)

U. S. White House. Office of the Press Secretary. 2002. *Remarks by the President at signing of the Trade act of 2002* (Washington, D.C.: White House, 2002), pp.1-3. (Aug. 6, 2002) 〈http://www.tpa.gov/WH_Pres_TPA_signing.htm〉

（visited Aug. 7, 2002）
　U. S. Dept. of Defense. 1999. Press briefings at 2-3（Jan. 20, 1999），available in ［http://Defenselink.mil/news/Jan1999/t01201999］
　Feinberg, Richard. 2000. *Comparing regional integration in non-identical twins: APEC and the FTAA*（San Diego, Calif.：University of California. Graduate School of International Relations and Pacific Studies, 2000），9 -10.（Mar. 30, 2000）〈http://www.-irps.ucsd.edu/faculty/rfeinberg/Feinberg.pdf〉(visited July 8, 2002)

(5) CD-ROM、ディスケット等を使用した場合　⇒本書188頁

　CD-ROM、ディスケットのデータベースを使用する場合には、タイトル（および版表示）の次に"CD-ROM"、"ディスケット"、"diskette"と記述する。

　　〈例〉
　日本貿易振興会. 2001年. *Trade tie-up promotion program*（TTPP）. CD-ROM. 東京：日本貿易振興会.
　『マイクロソフト・エンカルタ総合大百科』2002年. CD-ROM. 東京：マイクロソフト.「モーツアルト,Ｗ Ａ」.
　Galloway, Stephan. 1993. "TV takes the fall in violence poll." *Hollywood Reporter* 23 July：16. *Predicasts F and S plus text: United States*. CD-ROM. SilverPlatter. Oct. 1993.
　The Oxford English dictionary. 1992. 2d ed. CD-ROM. Oxford: Oxford University Press.
　The Practicioner's deskbook series: NAFTA. 1994. Ed. by James R. Holbein *and* Donald J. Musch. Diskette. Dobbs Ferry, N.Y.：Oceana Publications.

3　引用方式2－脚注、巻末注/後注/尾注

(1) 全　般

i　脚注の利点

　　脚注 (Footnotes) は論文の各頁の下につける方法であり、巻末注ないし尾注 (Endnotes) は論文の最後に (場合によっては章、節の終わりに) 注をまとめる方法である。脚注の長所は、本文のすぐそばで注を利用できるという点にある。とくに、論文をマイクロフィルム、ディスケット、CD-ROM などで読むような場合に、注が巻末にあるときは大変不便である。

ii　本文における注の番号の位置

　　注は、一般に字またはレターの右肩につける。(縦書きの論文の場合には、文章の右肩につける。番号は、文の句読点の後につける場合と、文と句読点の間につける場合とがある。

　　　〈例〉
　　　「この手引書は、個々の事例について詳細な説明を行なうことを意図したものではない。[1]」
　　　"This manual is not intended as a detailed commentary on the individual cases.[2]"
　　　「この手引書は、……意図したものではない[1]。」
　　　"This manual is not……individual cases[2]."

　　注の番号は章ごとに1番から始める場合と論文を通じる一連番号で整理する場合がある。後者の場合には、最後までかなり神経を使うことになる。

iii　注の位置

　　脚注の場合には、注は注の番号がついている本文の頁の下に注の番号順に記述されるが、注の数が多くなったり長くなったりする場合には、本文のレイアウトとの関係で次の頁の下に続く場合もある。

その場合には、最初の頁の脚注の最後と次の頁の最初にそれぞれ" "を付す。

ひとつの注に複数の文献を含めるときは、それぞれをセミコロンで区別する。

巻末の注の場合には、論文を通じて一連番号で整理する。

章別の注の場合には、章ごとに1番から始めることが多い。章別の注を巻末にまとめる場合には、章ごとに1番から始める場合と論文を通じる一連番号の場合がある。後者の場合には、かなり神経を使う。もっとも、コンピュータ・ソフト（例えば、Windows）を使えば、問題は殆ど解決する。

iv 注のなかの略語使用、省略

略語を使うことはできるだけ避けたほうがよい。文献の一部分を示したい場合には、あくまでも明確な記述にしなければならない。また、文献リストでは略語は使わない。

雑誌、辞典などの場合には、その分野でかなり知られたものであるときは略語を使うことも認められる。

〈例〉
　　日本経済新聞　　→　　日経
　　Oxford English Dictionary　→　　OED

ただし、少なくとも法律学の分野では、いろいろなマニュアルでべつの方式が採用されている。例えば、日本では法律編集者懇話会の「法律文献等の出典の表示方法」、アメリカではブルーブックに詳細な略語表が示されている（本書 V.3（8）および巻末資料3参照）。

〈例〉
　　ジュリスト　　→　　ジュリ
　　法律時報　　→　　法時
　　判例時報　　→　　判時
　　判タ　　　　→　　判例タイムズ

〈例〉

Columbia Journal of Transnational Law	Colum. J. Transnat'l L.
Columbia Law Review	Colum. L. Rev.
Georgia Journal of International and Comparative Law	Ga. J. Int'l & Comp. L.
Harvard Law Review	Harv. L. Rev.

　なお、ユネスコが作成する *International Bibliography of the Social Sciences* では経済学、政治学、社会学、社会文化人類学の分野における世界の主要な学術雑誌の略称を定めているので、かなり参考になる（本書巻末資料2参照）。大文字、小文字の使い分け、イタリック体（斜体）と立体の使い分けがブルーブックとかなり違っているが、ブルーブックより相対的に普遍性をもっている。

〈例〉

American Journal of International Law	Amer. J. int. Law
Annales de droit et de science politique	A. Dr. Sci. polit.
Boletin del Instituto de Derecho comparado de México	Bol. Inst. Der. comp. México

　同一文献を頻繁に引用する場合や同一著者の複数の文献を引用する場合には、文献の略語をつくる工夫をする。

〈例〉
・・・・・・・・・・・・・・・・・・・・・・・・・・・・・・・・・・・・・
櫻井雅夫「投資の保証に関するアメリカとブラジルとの間の協定」『国際法外交雑誌』‥‥
　―――「勢いづく"国際資源カルテル"」『エコノミスト』‥‥
　―――「開発援助の法的側面」『ジュリスト』‥‥
・・・・・・・・・・・・・・・・・・・・・・・・・・・・・・・・・・・・・
　　　↓
櫻井、開発援助
　または
櫻井3など

(2) 図書から引用する場合の約束ごと

i 全般

　少なくとも、或る文献についての最初の記述は完全なものでなければならない。そのあとに同一文献が出てくるときは、上述のように短くすることは構わない。

　図書の場合には、次のようになる。すなわち、

1 　著者名（Author's name）、編者名（Editor's name）（いずれも複数の場合がある）

2 　図書名（本タイトル＜The Title/Main title of the book＞、副タイトル＜Subtitle＞）

3 　版次の番号（Numbered edition/Edition used. 初版は除き、2版等以降のものに記述）

4 　編者（Editor）、訳者（Translator）、編纂者（Compiler）（いずれも複数の場合がある。"Editor"は論稿に関して自己の主観的判断に基づいてその内容にまで立ち入る権限を与えられている者であり、"Compiler"はそのような権限を与えられていない者である。ただし、日本では、Compiler の役割しか果たしていなくても編者という名称が使用されることが多い。）

5 　まえがき、序文、はじめに等の執筆者（もしあれば）

6 　双書名（Title of series）、双書番号

7 　出版事項（出版情報/Publication information）
　　出版地（Location, State/Province, and/or Country）
　　出版者名（Publisher）
　　出版年（Publication date）
　　（出版事項は出版地と出版者だけだとするマニュアルもある。）

8 　引用個所の頁づけ（Paging/Pagination/Page numbers）

〈例〉

[1] 櫻井雅夫『カントリー・リスク―海外取引の危険にどう対処するか―』有斐閣選書422（東京：有斐閣、1982年）, 12-23頁.

[2] Seymour J. Rubin, *and* Donald Wallace, Jr., *jt. ed., Trans-*

national Corporations and National Law. United Nations library on transnational corporations, 20 (London and New York: Routledge, 1994), pp. 1-37.

次のようなハンギング・インデンションの記述方式もある。
[1] 櫻井雅夫『カントリー・リスク―海外取引の危険にどう対処するか―』有斐閣選書422（東京：有斐閣，1982年），12-23頁．

　以上に関して若干の説明を加えておく。シカゴ・マニュアルでは、著者名の記述に関しては、洋書の場合、脚注や巻末の文献リストと違って、最初の著者名をインバートせずに記述するということである。しかし、インバートするというマニュアルもある。どのルールによるかは自分で決めるか、または論文提出先の規則によることになる。
　書名の記述に関しては、和書の場合、副タイトルを全角のハイフン（－）ないしダッシュ（―）で挟むか本タイトルと副タイトルの間をコロン（：）でつなげるかは自由である。現在では、日本の図書館やメディアセンターは ALA ほかの *Anglo-American Cataloguing Rules*（本書巻末の主要文献リスト参照）に合わせてコロンでつなげる方式を採用している。
　双書名、双書番号を頁づけのあとに記述することも可能であり、そういう規則もある。
　出版事項についての先の括弧方式（＋巻末注方式）とここでの脚注方式との記述方法の違いは、括弧方式の巻末注では出版年を外して前にもっていき出版地と出版者だけを丸括弧なしで後ろに残しているのに対して、脚注方式では出版事項を一括して後ろで括弧の中に記述しているということである。
　出版地が東京の場合には、かつてはこれを省略することが国立国会図書館でも認められていたが、現在は繰り返している。海外の研究者などへの便宜のためには、やはり省略しないほうがよい。
　図書の或る部、章などの全部または一部を引用するときは、少なくとも次の内容は記述しなければならない。すなわち、

　1　著者名

2 部、章の題名（Title of a part of the book）
3 図書名
4 出版事項
5 引用個所の頁づけ

〈例〉
[1] 櫻井雅夫「第3部　対外援助と海外投資の連繋の法的措置―アメリカ国内法と国際法の交錯―」『国際経済法の基本問題』（東京：慶應通信[現，慶應義塾大学出版会]，1983年），141頁以下．
[2] Neill Nugent, Part 1 The Historical Evolution, in *The Government and Politics of the European Union.* 3d ed. (Durham, N. C.: Duke University Press, 1994), pp. 1-81．

ii 著者名

　日本語文献の場合には一般に姓、名の順で記述される。洋書の場合には著者名は、上述のように、ノーマル・ネームすなわちファースト・ネームからラスト・ネームまでの順で記述し、次の事項にはカンマでつなげる。ただし、よく知られた著者の場合には、ミドル・ネームやギブン・ネーム（授かり名）などはイニシャルだけを記述することが認められている。そうしないとかなり長い名前の著者の場合に収拾がつかなくなることもある。

　いかなる場合にも共通するが、英語の場合、1人の人名の綴りを2行に切ってはいけない。例えば、"Oppenheimer"という名前の場合、"Oppen-"を行末に入れて"heimer"を次行の初めに送るということをしない。

　イニシャルだけが分かっていてミドル・ネームなどを別の機会に埋めたいときは、先述のように半角8レター分を開けておく（本書83頁参照）。あとで埋めたレター分は角括弧ないしブラケット（[　]）で挟む。

〈例〉
W[ilson] C[harles] Peale

　ブラケットで挟むのは、注や文献リストを作成する図書・論文の執筆者の責任で補ったことを示すためである。ブラケットを0.5行下げるとい

うルールは最近守られていない。

　著者名の全体が不明であってその後に判明したときは、著者名全体をブラケットで挟む。

　著者が2人の場合に、日本語文献ではノーマル・オーダーでフル・ネームを中点「・」でつなげ、外国語文献（英語）ではノーマル・オーダーでフル・ネームをイタリック体（斜体）の"*and*"でつなげる。

〈例〉
　¹ 高桑昭・江頭憲治郎編『国際取引法』2版（東京：青林書院，1993年），12頁．
　² Clive M. Schmitthoff, *and* Kenneth R. Simmonds, *jt. ed., International Economic Law and Trade Law: Universal and Regional Integration* (Leyden: A. W. Sithoff, 1976), p. 34.

　上記のように、洋書の場合、2人の間の接続詞（例えば"and"）はイタリック体にしたほうがよい。その場合は、"and"の前のカンマは必ずしもいれなくてもよい。イタリック体にしない場合には、", and"のようにカンマを入れるのが無難である。その理由は、ラテン系の名前のときは1人の名前のなかに接続詞（例えば、イタリア語やスペイン語では"e"、ポルトガル語では"y"）が入っていることがあるからである。

　また、名前のあとに共著者、共編者などを示す記述のところも著者名から明確に区別するためにイタリック体にしたほうがよい。APAマニュアルや法律学関係のブルーブックで"and"よりもむしろ"&"（アンパーサンド）を使うことを奨めているのは、このことと関係があるかもしれない。

　著者が3人の場合に、日本語文献ではノーマル・オーダーで3人のフル・ネームを中点「・」でつなげ、外国語文献（英語）ではノーマル・オーダーで3人をフル・ネームにしてカンマで区切り、3人目の人名の手前に"and"または"&"を入れる。3人目の手前で", and"、"and"、", *and*"、"and"、"&"、",&"などとするかなどの判断については、上記のとおりである。

〈例〉
　[1] 櫻井雅夫・北村かよ子・石田暁恵編『発展途上国の外国系企業国有化』経済協力調査資料28（東京：アジア経済研究所，1978年），19-20頁．
　[2] Ralph H. Folsom, Michael Wallace Gordon, *and* John A. Spanogle, Jr., *International Business Transactions: A Problem-oriented Coursebook*. 3d ed. (St. Paul, Minn.: West Publishing Co., 1988), pp. 19-20.

　4人以上の場合は、日本語文献でも外国語文献（英語）でも最初の1人の名前だけをノーマル・オーダーのフル・ネームで記述し、その後に日本語文献では「他」を、外国語文献（英語）では斜体の"and others"または"et al."をつける。"al."には必ずピリオドを付す。"and others"にせよ"et al."にせよ、それを斜体にしたときは、その前の著者名との間にカンマは入れなくてもよい。先に説明したように、APAマニュアルでは"et al."をイタリック体にしてはいけないことになっている（本書34, 72頁参照）。"and others"を立体で記述するときは、カンマを入れたほうがよい。また、4人までは全員列挙するというルールもある。

　これも先に説明したが、7人以上になっているときは余りすっきりしない方式をとるマニュアルもある（本書72-73頁参照）。例えば、池田真朗・石田剛・岩志和一郎・浦川道太郎・岡孝・副田敬重・田高寛貴・野澤正充・山本豊の9名が著者として記述されている『民法キーワード』という文献の場合には、最初の7名が記述され、あとは「ほか」ということで処理されることになってしまう。

〈例〉
　[1] 池田真朗・石田剛・岩志和一郎・浦川道太郎・岡孝・副田敬重・田高寛貴ほか『民法キーワード』有斐閣双書K（東京：有斐閣，2002年），12-34頁．

　次の例は著者が8人の場合であるが、最後の1名だけ削除するくらいなら、全員を著者として記述するほうがすっきりする。

〈例〉
　[2] 岡崎文明・日下部吉信・杉田正雄・竹田純郎・榊原哲也・服部健二・

中釜浩一・谷徹『西洋哲学史―理性の運命と可能性―』（京都：昭和堂，1994年），56頁．

いずれの場合も、下記のように最初の1人を記述したあとを「ほか」で括るほうがすっきりしている。

〈例〉
^{1} 池田真朗ほか『民法キーワード』有斐閣双書K（東京：有斐閣，2002年），12-34頁．
^{2} 岡崎文明ほか『西洋哲学史―理性の運命と可能性―』（京都：昭和堂，1994年），56頁．

ブルーブックやメイヤー・マニュアルでは、爾後の引用に際しては"hereinafter"方式（「以下，"‥‥"と引用する。」という方式）をとり、"and others"や"et al."は使わないことが奨められている。

〈例〉
^{3} Louis Henkin, Richard Crawford Pugh, Oscar Schachter, *and* Hans Smit, *International Law*. 3d ed. (St. Paul, Minn.: West Publishing Co., 1993), p. 121. (hereinafter Henkin)
^{4} Henkin, *supra* note 3, at 123.
または
^{3} Louis Henkin, *and others, International Law*. 3d ed. American casebook series（St. Paul, Minn.: West Publishing Co., 1993), pp. 12-13.
^{4} Louis Henkin et al., *International Law*. 3d ed. American casebook series. (St. Paul, Minn.: West Publishing Co., 1933), pp. 12-13.

共著者の姓が同じ場合には、それぞれのフル・ネームを記述し、姓を省略しない。

〈例〉
^{5} 山岸健・山岸美穂『日常的世界の探求―風景/音風景/音楽/絵画/旅/人間/社会学―』（東京：慶應義塾大学出版会，1998年），45頁．

iii　タイトル

　タイトルは、メイン・タイトルとサブ・タイトルないし書名関連情報を含め、原則として全部を記入する。先に記したように、和書の場合に、メイン・タイトルとサブ・タイトルを記述するときはコロン（：）でつなげるか、サブ・タイトルをハイフン（-）または全ダッシュ（──）で挟むかは自由であるが、最近はアメリカの各種のルールやマニュアルに従ってコロンでつなげる方式も定着してきている。

　図書の場合には、タイトルはあくまでも標題紙（標題紙裏を含む。）からとる。タイプ打ちをするときは書名にアンダーラインを付すが、パソコン、ワープロソフトによるときはイタリック体（斜体）にする。

　英語のタイトルの場合、各単語の大文字・小文字の記入方法はマニュアル、ハンドブックによってさまざまであるが、次のようなルールも一般的なもののひとつである。すなわち、

　──大文字にするのは、名詞、代名詞、形容詞、副詞、動詞、従属（従位）接続詞ないし接続詞の働きをする疑問詞（例えば、After, Although, Because, Before, If, Since, That, Unless, Until, When, Where, While）、群接続詞（例えば As If, As Soon As, Even If）；

　──小文字にするのは、冠詞、前置詞、等位接続詞（例えば、and, but, for, nor, or, so, yet）、不定詞をとる"to"。

　書名の次には出版地、出版者、出版年を括弧に入れて記入する。

　　〈例〉
　　　[1] 川本三郎『荷風と東京──『断腸亭日乗』私註──』（東京：都市出版, 1996年）, 197-208頁．
　　　[1] 川本三郎『荷風と東京：「断腸亭日乗」私註』（東京：都市出版, 1996年）, 197-208頁．
　　　　　この本の場合は、書名中の副タイトル自体で二重カギ括弧を使っているので、記述は正確にしないといけないのかもしれない。
　　　[2] Alan M. Rugman, *ed., Foreign Investment and NAFTA* （Columbia, S.C.: University of South Carolina Press, 1994）, p. 20．
　　　[3] Allen Forte, *The Harmonic Organization of "The Rite of*

Spring," (New Haven, Conn.: Yale University Press, 1978), p. 34.
　これも、上記和書の例と同じいわゆる Title within a title の例である。

　図書中の章を引用する場合、和書のときは章タイトルを一重カギ括弧の中に入れ、次に収録図書は二重カギ括弧の中に入れ、出版事項を丸括弧に入れる。洋書のときはカンマの後に図書名をイタリック体で記述する。

〈例〉
　¹ 櫻井雅夫「国際機構の歴史」同『国際機構法』(東京：第一法規出版，1993年)，3-20頁．
　² Neill Nugent, "From EC to EU," in *The Government and Politics of the European Union.* 3d ed. (Durham, N.C.: Duke University Press, 1994), p. 57.

　論文の場合には、日本語文のときは論文タイトルをカギ括弧の中に入れ、収録雑誌名を二重カギ括弧の中に入れ、出版事項を続ける。外国語論文のときは論文タイトルを二重引用符(" ")の中に入れ、その後に雑誌名を記述する。出版事項と頁づけとの間はコロンを使って数字だけを記述するときとカンマのあとに"p."、"pp."を使って数字を記述するときがある。アンダーライン、イタリック体については図書の場合と同じである（本書126頁参照）。

〈例〉
　¹ 櫻井雅夫「投資の保証に関するアメリカとブラジルとの間の協定」『国際法外交雑誌』65巻3号，1966年10月，83-98頁．
　² Cynthia Day Wallace, "'Extraterritorial' Discovery: Ongoing Challenges for Antitrust Litigation in Environment of Global Investment," *Journal of International Economic Law,* Vol.5, No.5, June 2002, pp. 353-92.
　シカゴ・マニュアルに従えば、次のようになる。
　² Cynthia Day Wallace, "'Extraterritorial' Discovery: Ongoing Challenges for Antitrust Litigation in Environment of Global Investment," *Journal of International Economic Law* 5 (June 2002) : 353-92.

iv 版表示

版表示については、初版以外は記述する。また、その図書が使用している言語で表示する。

〈例〉
第2版、改訂版、増補改訂版；
2d ed.（2nd ed.）、3d ed.（3rd ed.）、4th ed. rev. & enl. ed.;
3. Aufl.;
3ᵉ éd.

復刻版、ペーパーバック版、命名版などが標題紙やその裏などに書いてあれば、それも記述する。

〈例〉
＜復刻版＞
[1] 田中耕太郎『世界法の理論』春秋社版．第1巻（東京，1954年），253頁．

春秋社版と記述した場合に、図書館では出版者名を繰り返し「（東京：春秋社，1954年）」と記述しているが、引用の場合にはこれを繰り返すかどうかは引用する者の判断に任される。

[2] John R. Commons, *Legal Foundation of Capitalism* (London: Macmillan Company, 1924; repr., Madison, Wis.: The University of Wisconsin Press, 1959), p. 65.

＜ペーパーバック・シリーズ＞
[1] Ralph H. Folsom, Michael Wallace Gordon, *and* John A. Spanogle, Jr., *International Business Transactions.* 4th ed. (St. Paul, Minn.: West Publishing Co., 1992, West Nutshell Series, 1992), p. 310.

この例は、West社刊行の同名の図書の内容を圧縮して"Nutshell Series"というペーパーバック・シリーズの1冊として出版しているものである。

[2] Marshall H. Segall, *and others, Human Behavior in Global Perspective* (Boston: Allyn and Bacon, 1990, New York: Pergamon Press, 1990), pp. 12-34.

v 編者名、訳者名、編纂者名

著者名のほかに標題紙に編者、訳者、編纂者などの名前がある場合に

は、相応の略語を使ってタイトルの後にそれを記述する。

洋書の場合に、"ed."、"trans."、"comp."という略語を使ったときは、それぞれ"edited by"、"translated by"、"compiled by"であることを意味し、それぞれが複数の者による場合であってもこの略語に複数形は使わない。

〈例〉

 ⁵ Ignaz Seidl-Hohenverdern 『国際機構の基本問題』（山口福夫訳）（京都：晃洋書房，1980年）（原書名：*Das Recht der internationalen Organisationen einschliesslich der Supranationalen Gemeinschaften.* Köln: Carl Haymanns Verlag）

  出版地 "Köln" は、シカゴ・マニュアルでは英語名の "Cologne" となる（本書112頁参照）。

 ⁶ Carlos Calvo, *Le droit international théorétique et pratique,* trans. Donald Shea（Minneapolis, Minn.: Universityof Minnesota Press, 1955），pp. 17-18.

 ⁷ John Stuart Mill, *Autobiography and Literary Essays*, ed. John M. Robson and Jack Stillinger（Toronto, Ontario: University of Toronto Press, 1980），p. 15.

vi　まえがき、はしがき、序文などの執筆者名

標題紙に引用対象の著者のほかにまえがき、はしがき、序文などを書いた人の名前があるときは、その名前は引用文献のなかに記述する。

〈例〉

 ⁶『国際経済法の諸問題　続巻』序文；大平善梧．（東京：日本国際問題研究所，1962年），12頁．

 ⁷ Joseph A. Schumpeter, *Ten Great Economists: From Marx to Keynes.* With an Introduction by Mark Parlman for 1997 ed. （London: George Allen & Unwin Ltd., 1952; London: Routledge, 1997），p. 26.

ただし、序文などが引用対象になるときは、その序文などを書いた人の名前から記述をはじめる。

〈例〉

　　⁸ 大平善梧『国際経済法の諸問題　続巻』（東京：日本国際問題研究所，1964年）に対する序文，i-ii頁．

　　⁹ Mark Parlman, *An Introduction to Ten Great Economists*: *From Marx to Keynes* by Joseph A. Schumpeter（London: George Allen & Unwin Ltd., 1952； London: Routledge, 1997），p. iii.

vii　出版事項（出版情報。Publication Information）

[一　般]

出版事項としては、出版地、出版者、出版年を記述する。

〈例〉
（東京：慶應義塾大学出版会，1998年）または
（東京：慶應義塾大学出版会，1988）
(New York: Barron's Educational Series, Inc., 1986)

　注意すべきことは、引用の場合には出版事項を丸括弧の中に入れるということである。この点が参考文献リストを作成する場合と違うところである。丸括弧の中に入れるというルールを定めているのは、シカゴ・マニュアルやMLAハンドブックである。

　古典などの場合には、出版事項はすべて省略する。

　法令その他政府文書の場合には、一般に出版年だけが記述される。

　出版地が不明のときは、"n.p."と記述する（"no place＜given＞"の略）。"n.p."という略語は、"no publisher＜given＞"（出版者不明）の略語でもあり、両方が不明のときは出版年だけを記述する。

[出版地]（Location）

　出版地とは、一般に都市のことである。出版地が複数書かれているときは、一般には最初に書かれている都市に編集部門があるといわれている。そうであればその都市名だけを記述すればよいが、よくわからないときは全部を記述してもかまわない。ただし、標題紙には１つの都市名が書かれていて、べつのところ例えば標題紙裏などにべつの都市が加えられているようなときは、標題紙の都市名だけを記述する。

和書に関していえば、昔は国立国会図書館では出版地が東京（23区）の場合にはこれを省略してもよいとしていたが、現在の日本目録規則では東京も記述することになっている。出版地の記述がない出版物は必ず東京で出版されたとは言えないし、外国人研究者にとっては出版者を知ることができてもその出版地がどこかは必ずしもわからないという難点があるので、やはり出版地は省略しないほうがよい。

　洋書に関していえば、有名な都市については州などを付け加える必要はないが、そうでないときは念のためこれを加える。日本で論文を発表するときは、郵便の場合に使う2文字の略語は避けたほうがよい。例えば、マサチューセッツ州については"Mass."を使い、"MS"は使わない（本書56頁参照）。また、アメリカとイギリスには同名の都市が多いので、州名などを付け加えたほうがよい。有名な例でいえば、ケンブリッジの場合、出版者が"Harvard University Press"や"MIT Press"であればべつであるが、そうでないときは、"Cambridge, Mass."としたほうがよい。そうしないと、"Cambridge, England"（"Engl."とはしない）との区別ができなくなる。

　また、シカゴ・マニュアルでは、外国の都市については英語名があるときは英米の綴りで記述するとしている。

〈例〉
Köln　　→　Cologne　　Milano　→　Milan
München　→　Munich　　Roma　　→　Rome
Firenze　→　Florence　　Wien　　→　Vienna

　もっとも、日本語で書く論文で英語国でない地域で出版されたものを引用するときはむしろ元の綴りを記述したほうがよいときもある。

[出版者]（Publisher）
　出版者は、出版地のあとにコロンを付し、洋書の場合にはコロンのあとに1字開けて（半角開けて）記述する。

〈例〉
(東京：東洋経済新報社, 2003年)
(東京：早稲田大学出版部, 2001年)
(東京：慶應義塾大学出版会, 2003)
(Mineola, N.Y.: The Foundation Press, Inc., 1998)

"Publisher" という専門語は「出版者」を意味し、「出版社」に限っているわけではない。「出版者」には出版社（publishing agency）や出版会社（publishing company）よりも広い意味があり、本来出版を事業目的としていない人格なき社団や個人が自費出版をする際の出版人までも含んだ概念である。

出版者名としては、原則として当該出版社自身が使う名称を採用する。そうでないときは、例えば日本の出版者については日本書籍出版協会が刊行する『日本書籍目録』、アメリカの出版者については R. R. Bowker Company が刊行する Books in Print、イギリスの出版者については J. Whitaker & Sons Ltd. が毎年刊行する Whitaker's Books in Print が採用している名前をそれぞれ採用するという方法もある。

出版者の綴りや句読点などについてはあくまでも正しく記述する。例えば、和書では「慶應義塾大学出版会」を「慶応大学出版会」、「東京大学出版会」を「東大出版会」などと登記上の商号でないものを使ってはいけないし、洋書では "Little, Brown & Co." を "Little Brown" などと省略してはいけない。

ただし、一般にイニシャルの "The" や㈱、"Inc."、"Ltd."、"S.A." などは省略したり、また "and" を "&"（アンパーサンド）に、株式会社を "㈱" に、"Company" を "Co." に略したりすることなどが認められている。また、かなり知られた出版者の場合には、短縮が認められている。例えば、「東洋経済新報社」を「東洋経済」としたり、"Alfred A. Knopf, Inc." を "Knopf" とするようなことである。ただ、きっちりとした論文の場合には、このようなことは余りしないほうがよい。

いずれにしても、省略、短縮のルールは首尾一貫したものでなければならない。

[出版年]（Publication date）

　　出版年としては、著作権の取得年を記述するのが原則である。その場合、正確には"c2003"と記す。ただし、標題紙などに別の年が書かれているときはこれを優先させる。著作権の取得年のほかにいくつも年が書かれている場合があるが、これは一般に復刻とか増刷の年であり新版の年ではないから出版年としては記述できない。

　　ただし、引用に使用した文献の出版年を記述するという目的からすれば、使用した文献が何版何刷であるかは重要である。その文献の著者によっては、版を変えずに刷を繰り返すというようにみえても、若干の加入修正を行っていることがあるからである。その個所を引用したようなときは、前の刷の文献を開けても引用個所が見つからないことになる。

　　このような文献であることがわかっている場合には、版次の記述の場所に刷の番号を記述する必要があるかもしれない。

　　出版年が文献のどこにも見つからないときは、和書では「出版年不明」、洋書（英語）では"n.d."と記述する。『日本目録規則』では洋書が例えばドイツ語、フランス語のものであっても英語で"n.d."と記述することになっている。なんらかの努力で出版年が判明したときは、これをブラケット（[ ]）に入れて記述する（ブラケットを0.5行下げるルールは余り守られていない）。

　　〈例〉
　　　　（京都：法律文化社，[1990]）　または
　　　　（京都：法律文化社，[1990年]）
　　　　(Cambridge, Mass.: MIT Press, [1980])

　　外国の古典で出版年がローマ数字で表示されているものは、アラビア数字に直して記述する。

　　参考までに考え方を示せば、次のようなことである。すなわち、

	1 I	
4 IV	5 **V**	8 VIII
9 IX	10 **X**	
40 XL	50 **L**	80 LXXX
90 XC	100 **C**	
400 CD	500 **D**	800 DCCC
900 CM	1000 **M**	

4は5の1つ手前ということ
8は5の3つ後ろということ
9は10の1つ手前ということ
40は50の10手前ということ
90は100の10手前ということ
400は500の100手前ということ
800は500の300後ろということ
900は1000の100手前ということ

〈例〉
MDCCCXLVII → 1847年
MCMXCIX → 1999年
MMV → 2005年

viii 頁づけ（Paging/Pagination/Page numbers）と巻数

　引用の頁数を記述したいときは、和書では「□□頁」、「□-□□頁」とし、洋書（英語）では"p. □□"、"pp. □-□□"とする（ドイツ語では"S."）。
　頁づけのない資料の場合には、"n.p."と記述する（"no pagination (given)"＜頁づけなし＞の略号）。
　和書では文献の厚さを示すときも引用を示すときも「頁」という字はうしろにきてしまうという短所があるが、洋書では厚さを示すときは"p."はうしろ、引用を示すときは前にくるという長所がある。
　各種の論文スタイル・マニュアルでは、頁づけの場合には「頁」や"p."、"pp."などを省略してもよいとされている。しかし、マニュアルのルールを知らない者にとっては、その数字が何を意味するものであるかがわからないときもある。したがって、数字だけを記述するという方式は、余り好ましくない。
　引用の頁づけの場合には、その前の部分にコロン（：）をつける。頁は最初の数字と次の数字をハイフンでつなげる。

V　図書から引用する場合のお約束ごと

数字の記述方法は、シカゴ・マニュアルを手がかりに整理すれば、次のようになる。このルールはやや複雑なので、頁づけの省略方法にあまりこだわることはない。

最初の数字	2番目の数字	例
100未満	全桁を記述	3-10; 71-72; pp. 3-10; pp. 71-72; 3-10頁; 71-72頁
100または 　100の倍数	全桁を記述	100-104; 600-613; 1100-1123
100から109まで （100の倍数）	数字が変わる部分だけを記述し、不要なゼロは削除	107-8; 505-17; 1002-6;
110から199 （100の倍数）	2桁を記述し、必要に応じてそれ以上 　ただし、桁で3桁目が変わるときは全桁を記述	123-45; 321-25; 415-532; 1536-38; 11564-68; 13792-803 1496-1504; 2787-2816

　引用が図書・論文などの特定頁から全体にわたるときは、頁づけをするよりも「123頁以下」とか（和書の場合）、"123f" とか（洋書の場合）の記述方式をとる。"123f" という記述は123頁と次の頁（following page）という意味である。この場合、"123, 124ff" と記述すればそれは123頁と124頁と125頁以降という意味である。
　ただし、「123頁以下」という記述は123頁からどの頁までを引用しているのかが必ずしも明確ではない。曖昧さを避けて正確を期すためには、結局「123-234頁」、「123-34頁」とか、"pp. 123-234"、"pp. 123-34" というような記述のほうが好ましい。
　関連用語としては、"*passim*" がある。これは洋書、外国論文等の全体を通じて引用個所が散在する場合に使われる用語である（本書61頁参照）。そのときは、頁づけや章、節などの記述のあとにこの用語を付すこ

とになる。

〈例〉
　⁸ Dominic McGoldrick, *International Relations Law of the European Union*. European law series. (London and New York: Longman, 1997) Chap. 2 *passim*.

巻数についていえば、巻の合計数、冊数を記述したいときは和書ではアラビア数字に「巻」の字を、洋書ではアラビア数字に"v."または"vol."を付す。

〈例〉
　3巻
　3v.、3 v.または3 vols.

引用の巻を記述したいときは和書では「第□□巻」とし、洋書では"Vol. □□"または"vol. □□"とする。

〈例〉
　第3巻, 12-34頁.
　第10巻：12-34頁.
　Vol. 4, pp. 12-13.
　Vol. 12：pp. 12-13.

(3) 図書からの引用例
i　単著の場合　⇒本書163頁

　¹ 斎藤忠『日本古墳の研究』(東京：吉川弘文館, 1961年), 1-20頁.
　² Patrice de Moncan, *Guide to littéraire des Passages de Paris* (Paris: Hermé, 1996), pp. 123-124.

次のようなハンギング・インデンションの記述方式もある。

　³ Wolfgang Friedmann, *The Changing Structure of International Law* (London: Stevens & Sons, 1964), pp. 176-86.

ii　共著の場合　⇒本書166頁

　² 山岸健・山岸美穂『日常的世界の探求―風景/音風景/音楽/絵画/

旅/人間/社会学——』（東京：慶應義塾大学出版会，1998年）45頁．

下記のように、書名の副タイトルをダッシュで挟まずに本タイトルと副タイトルをコロンでつなげることもある。これはあまり勧められないが、洋書の記述と合わせたいのであればこの方式でもよい。

  [2] 山岸健・山岸美穂『日常的世界の探求：風景/音風景/音楽/絵画/旅/人間/社会学』（東京：慶應義塾大学出版会，1998年）．
  [3] 国本伊代・畑恵子・細野昭雄『概説メキシコ史』有斐閣選書849．（東京：有斐閣，1996年），177頁以下．
  [4] 衛藤瀋吉ほか『国際関係論』2版．（東京：東京大学出版会，1989年），180-218頁．
  メイヤー・マニュアルに従えば、次のように全員を記述する。
  [5] 衛藤瀋吉・渡辺昭夫・公文俊平・平野健一郎『国際関係論』2版．（東京：東京大学出版会，1989年），180-218頁．
  [6] Milton Katz, *and* King Brewster, *The Law of International Transactions and Relations* (New York: Foundation Press, 1960), p. 53.
  [7] Ralph H. Folsom, Michael Wallace Gordon, *and* John A. Spanogle, Jr., *International Business Transactions: A Problem-oriented Coursebook* (St. Paul, Minn.: West Publishing Co., 1988), p. 123.
  [8] Louis Henkin, *and others, International Law.* 3d ed. (St. Paul, Minn.: West Publishing Co., 1993), p. 234.
  "*and others*" を "*et al.*" にしても構わない。
  メイヤー・マニュアルに従えば、次のように全員を記述する。
  [8] Louis Henkin, Richard Crawford Pugh, Oscar Schachter, *and* Hans Smit, *International Law.* 3d ed. (St. Paul, Minn.: West Publishing Co., 1993), p. 234.

iii 双書（叢書、シリーズ）の場合 ⇒本書172頁

  シリーズ名がある場合には、シカゴ・マニュアルでは書名のすぐあとに記述し、図書館ルールでは丸括弧に入れて引用頁の手前に記述する。文献全体を文献目録に記述する場合には、図書館ルールでは丸括弧に入れて頁づけ（図書の全頁）のあとに記述してきた。

シリーズ番号を伴うときは、シリーズ名と番号をセミコロン（；）またはカンマで結ぶ。

〈例〉

＜一　般＞

東経選書

岩波新書；123

University casebook series

Treaty series; no. 66（1976）

＜シカゴ・マニュアル方式＞

　³　今井登志喜『歴史學研究法』東大新書（東京：東京大学出版会，1953年），18頁．

　⁴　永井龍男『秋・一個その他』講談社文芸文庫；P940．（東京：講談社，1991年），63頁．

　⁵　松枝茂夫編『中国名詩選』岩波文庫 770．（東京：岩波書店，1984年）中巻，123頁．

＜図書館ルール方式—引用の場合＞

　³　今井登志喜『歴史學研究法』（東京：東京大学出版会，1953年）（東大新書），18頁．

　⁴　永井龍男『秋・一個その他』（東京：講談社，1991年）（講談社文芸文庫；P940），63頁．

＜図書館ルール方式—文献リストの場合＞

　³　今井登志喜『歴史學研究法』東京：東京大学出版会，1953年．148頁．（東大新書）

　⁴　永井龍男『秋・一個その他』東京：講談社，1991年．3頁．（講談社文芸文庫；P940）

＜シカゴ・マニュアル方式＞

　³　Ralph H. Folsom, *European Union Law*. 2d ed. Nutshell series. (St. Paul, Minn.: West Publishing Co., 1995), pp. 34-79.

　⁴　Josephine Shaw, *European Community Law*. Macmillan professional masters. Law series. (London: The Macmillan Press Ltd., 1993), pp. 151-81.

　　　この例では、図書が"Macmillan professional masters"シリーズのなかにある"Law series"と"Business series"の2つのうちの前者のシリーズの1冊であることを示している。

　　　　[5] Tony Khindria, *Foreign Direct Investment in India.* Foreign Investment in Asia Series（London: Sweet & Maxwell, 1997）, p. 123.

iv　編者がいるシリーズ（双書）の中の著書の場合　⇒本書172頁

　　　　[4] 斉藤孝ほか『第一次世界大戦』荒松雄ほか編『岩波講座世界歴史24, 現代；1』（東京：岩波書店,1970年）, 123頁.
　　　　[5] Norbert Horn, *ed.*, *Legal Problems of Codes of Conduct for Multinational Enterprises.* Studies in Transnational Economic Law, ed. Norbert Horn, Clive M. Schmitthoff *and* Richard B. Buxbaum, vol.1（Deventer: Kluwer B.V., 1980）, p. 123.

v　ペーパーバック・シリーズの場合　⇒本書173頁

　　　　[5] 『千一夜物語』（豊島与志雄ほか訳）（東京：岩波書店, 1983年；岩波文庫 赤版 780-1〜781-2, 1988年）（アラビア語の原文からの次のフランス語版使用：*Le Livre des mille nuits et une nuit,* par le Dr. J. C. Mardrus）, 第1巻214頁.
　　　　[6] Ralph H. Folsom, Michael Wallace Gordon, *and* John A. Spanogle, Jr., *International Business Transactions.* 4th ed.（St. Paul, Minn.: West Publishing Co., 1992; West Nutshell Series, 1992）, p. 383.

vi　多数巻の文献の場合　⇒本書171頁

　同一の主題のもとに一定数の巻数で構成された著作物を引用するときは、引用個所が明確になるように記述する。多数巻であり得る出版形態は、①すべての巻が1人の著者によるもの、②1人の著者によるが各巻が標題を異にするもの、③複数の著者により各巻が標題を異にし、多数巻全体を通じる共通の標題と総合の編者をもつ場合、さらには④それがまたある双書、シリーズに収録されているもの、などさまざまである。いずれの場合も、引用個所が利用者にわかりやすいように記述しなければならない。

　　〈例〉
　　　　[6] 山根裕子「欧州統合の法的側面」大西健夫・岸上慎太郎編『EU―統合の系譜―』（東京：早稲田大学出版部, 1995年）, 96頁.

⁷ 国際法事例研究会編『日本の国際法事例研究 1 国家承認』（東京：日本国際問題研究所，1983年），123頁．

⁸ 櫻井雅夫「国際取引と投資保証」菊池武・松枝迪夫編『国際取引』（中川善之助・兼子一監修「実務法律大系」）（東京：青林書院新社，1973年），356-82頁．

⁹ 山田辰雄・渡辺利夫監修『講座現代アジア』第4巻 地域システムと国際関係（平野健一郎編）（東京：東京大学出版会，1994年），123頁．

¹⁰ 義井博「第一次世界大戦の発生とその展開」斉藤孝ほか『第一次世界大戦』（岩波講座世界歴史；荒松雄ほか編；24，現代；1）（東京：岩波書店，1970年），12頁．

　　これは、講座全体を通じて第24巻に当たり、編者が荒松雄ほかが編者となった現代1のなかで斉藤孝ほかが執筆した第一次世界大戦のなかから義井論文を引用したということである。

⁶ Meinhard Hilf, *and* Ernst-Ulrich Petersmann, *eds*., *National Constitutions and International Law*. Edited by Meinhard Hilf and Ernst-Ulrich Petersmann. Studies in transnational economic law. Edited by Norbert Horn *and* Richard B. Buxbaum (Deventer: Kluwer B. V., 1993), p. 123.

⁷ Gordon N. Ray, *ed*., *An Introduction to Literature* (Boston: Houghton Mifflin Co., 1959), vol. 2, The Nature of Drama, by Hubert Hefner, pp. 56-78.

⁸ Sewall Wright, *Evolution and the Genetics of Populations*, vol. 4. *Variability within and among Natural Populations* (Chicago: University of Chicago Press, 1978), p. 90.

多数巻の図書などをすべて引用の対象とする場合には、巻数を記述することになる。

〈例〉

⁶『EU』waseda libri mundi; 13-15．（東京：早稲田大学出版部，1995年）3巻．

　　この例は、"waseda libri mundi" という一般のシリーズのなかに "EU" という3巻本のシリーズが収録されているということを示している。

⁷ 国際法事例研究会編『日本の国際法事例研究』1－　巻．第1巻 国家承認－東京：日本国際問題研究所，1983年；第2巻 国交再開・政府承

認-東京:慶應通信,1988;第3巻 領土-東京:慶應通信,1990年;第4巻 外交・領事関係-東京:慶應義塾大学出版会,1996.

この例では、出版者が2回変更され、うち1回は出版社の名称が変更されている。また、巻数を記述する位置はタイトルのうしろの場合と出版事項のうしろの場合とがみられる。外国の大学では前者のほうを選好する場合が多いが、出版事項のあとのほうが理に適っている場合もある。

また、このシリーズが完結したことが確認されるまでは「1- 」と空欄を設けて記述する。

vii 著者に相当する編者または編纂者がいる場合 ⇒本書169頁

[7] 霜野寿亮・関根政美・有末賢編『社会学入門』(東京:弘文堂,1996年),123-24頁.

[8] Dennis Campbell, *ed.*, *Legal Aspects of Doing Business in Western Europe,* International business series (Deventer: Kluwer Law and Taxation Publishers, 1983), pp. 123-24.

viii 著者に相当する団体などの標記 ⇒本書168頁

[8] 国際貿易投資研究所『多数国間投資協定に関する調査研究』(東京:国際貿易投資研究所,1997年),38頁.

[9] American Law Institute, *Restatement of the Law* (*Second*) *: Foreign Relations Law of the United States,* adopted and promulgated by the American Law Institute (St. Paul, Minn.: American Law Institute Publishers, 1965), p. 524.

ix 著者不明(出版年も不明)の場合 ⇒本書167頁

[9]『ASEAN産業高度化に向けた展望と課題』(東京:通商産業省〈現経済産業省〉[1995年]),12-13頁.

[10] *The Lottery* (London: J. Watts, [1732]), pp. 12-34.

x べつの著者が翻訳した著書の場合 ⇒本書169頁

[10] Albert Guerard『世界文学序説』(中野好夫訳)(東京:筑摩書房,

1974年), 389頁. (原書名：*Preface to World Literature.* New York: Holt and Company, 1940)

　　　原著者名を訳書で採用している片仮名で記述することもあるが、その方式によるとファイリングの際に問題が生じる。したがって、片仮名記述方式をとる場合には、原書名の項に、原著者の原綴りを記述する必要がある。

[11] Carlos Calvo, The Calvo Clause, trans. by Donald Shea (Minneapolis, Minn.： University of Minnesota Press, 1955), pp.17-18.

xi 　著作集の場合　⇒本書170頁

[11] 天野貞佑『天野貞佑全集』第5巻 教育論（東京：栗田出版会, 1970）特に「新しい大学のビジョン」, 68-110頁.

[12] The Complete Works of Samuel Taylor Coleridge, ed. W. G. T. Shedd, vol. 1, Aids to Reflection (New York: Harper & Bros., 1884), p. 18.

xii　復刻版の場合　⇒本書174頁

[12] 田中耕太郎『世界法の理論』（東京：岩波書店, 1932-34年；復刻版, 東京：春秋社, 1954年）, 13-14頁（頁づけは復刻版による）.

xiii　英語以外の図書に英語を補足する場合　⇒本書175頁

[10] Eugen Langen, *Studien zum internationalen Wirtschaftsrecht.* [Studies on international economic law] (München: C. H. Beck'sche Verlagsbuchhandlung, 1963), p. 144.

xiv　和書に英語を補足する場合　⇒本書176頁

[14] 櫻井雅夫『国際開発協力法』[*Kokusai-kaihatsu-kyoryoku-ho.* Law of international development co-operation]（東京：三省堂, 1994年）, 84頁.

[15] 櫻井雅夫『開発協力：その仕組みと法』[*Kaihatsu-kyoryoku: Sono-shikumi-to-ho.* Development co-operation: Its framework and law]

　　　　　（東京：国際経済法センター，2000年），123頁．

xv　べつの著者の著作の一部分の場合　⇒本書176頁

　　　[15] 宇佐見滋「パクス・アメリカーナの挫折」有賀貞・宮里政玄編『概説アメリカ外交史』有斐閣選書108（東京：有斐閣，1983年），150頁．
　　　[16] Gerald Tan, "ASEAN Preferential Trading Arrangements: An Overview." In *ASEAN at the Crossroad,* ed. Noordin Sopiee, Chew Lay See *and* Sian Jin (Kuala Lumpur: ISIS, 1987), p. 65.

xvi　1人の著者の著作の一部分の場合　⇒本書177頁

　　　[16] 櫻井雅夫「NAFTA諸国における貿易・投資の自由化」同『国際経済法』新版．現代法律学体系．第15章．（東京：成文堂，1997年），471頁．
　　　[17] Neill Nugent, "EU Law and the Court of Justice," Chap. in The Government and Politics of the European Union. 3d ed. (Durham, N.C.: Duke University Press, 1994), p. 218.

(4) 学術雑誌・総合雑誌の論文を引用する場合の約束ごとと引用例
　　⇒本書179頁

　　学術雑誌の論文の場合には、次のすべてを記述する。
　1　著者名
　2　論文名
　3　雑誌名
　4　巻号
　5　刊行年月（分かっていれば、丸括弧に入れる）
　6　頁づけ

　　〈例〉
　　　[1] 中谷和弘「経済制裁の国際法上の機能とその合法性──国際違法行為の法的結果に関する一考察──（5）」『國家學會雜誌』（もしくは『国家学会雑誌』）101巻5/6号（1988年6月），73-108頁．
　　　　または

[2] 米谷匡史「戦時期日本の社会思想―現代化と社会変革―」『思想』1997年12月号（通巻882号），1997年12月，73-75頁．
[3] 櫻井雅夫「米州における貿易・投資自由化の法的枠組み（2）アメリカの対外投資政策の変遷」『貿易と関税』50巻7号（通巻592号），2002年7月，18-25頁．

外国論文では、大文字、小文字の記述分けに注意する。

[1] Natalie G. Lichtenstein, "Law in China's Economic Development: An Essay from Afar," *ICSID Review - Foreign Investment Law Journal*, Vol. 17, No. 1, Spring 2002, p. 13.
　"No." を "no." とすることもある。

[1] Natalie G. Lichtenstein, "Law in China's Economic Development: An Essay from Afar," *ICSID Review - Foreign Investment Law Journal* Vol. 17（Spring 2002），p. 13.
　この例では、雑誌名のうしろのカンマが省略されている。

[1] Patricia A. Cooper, "What Ever Happened to Adolph Strasser?" *Labor History* 20（Summer 1979）: 17-30.
　この例では、論文名の終わりに疑問符がついているため、クオーテーションの前のカンマがない。

[1] Joachim Karl, "The Promotion and Protection of German Foreign Investment Abroad," *ICSID Review - Foreign Investment Law Journal,* 11（Spring 1996）: 6.

[2] Barbara A. Ritomsky, *and* Robert M. Jarvis, "Doing business in America: The Unfinished Work of Sumitomo Shoji America, Inc. v. Avagliano," *Harvard International Law Journal,* Vol. 27, No. 1（Winter 1986），pp. 193-225.

雑誌の場合には、通常は出版地と出版者は省略されるが、発行部数が限定されていたり雑誌名に類似しているものがあるときは、出版事項（出版地または出版者）を記述したほうがよい。

〈例〉
　『法学』（東北大学）
　Affrica（Rome または Roma）
　Africa（Madrid）

刊行年月は、巻号のすぐあとにアラビア数字で丸括弧の中に記述する。雑誌名と巻号の間には句読点はつけないとされるルールがあるが、その前提条件は雑誌名に二重カギ括弧（『　』）が付されているとか雑誌名がイタリックになっているとか雑誌名に下線が付されているということである。極端な場合には、論文名と雑誌名が類似しているときもあるので区分を明確にしておいたほうがよい。

〈例〉
『國家學會雑誌』／『国家学会雑誌』101巻3/4号（1988年4月）
『國家學會雑誌』／『国家學會雑誌』101巻3/4号，1988年4月
American Journal of International Law, Vol. 35, No. 2（April 1941）
American Journal of International Law Vol. 35, No. 2, April 1941
American Journal of International Law, Vol. 35, No. 2,····
American Journal of International Law Vol. 35, No. 2,····

　　アンダーラインを付すのは、かつて英文タイプライターにイタリック体（斜体）の文字がなかったときの名ごりであるが、現在は指導教員や出版者に原稿を渡す原稿の段階で立体文字にアンダーラインを付すことがある。

なお、日本では法律編者懇話会の「法律文献等の出典の表示方法」（後出）、アメリカではブルーブックなどが、学術雑誌の略語表を提示している（本書99-100頁および巻末資料3参照）。

〈例〉
国家学会雑誌　→　国家
國家學會雑誌　→　国家
American Journal of International Law　→　Am. J. Int'l L.

刊行の月や季節についてはこれを記述する。季節については例えば"Spring"を"Spr."と略すときもあるが、できるだけ全綴を書くほうがよい。

巻号は、「巻数（号数）」とすることもある（本書巻末資料4および5）。この場合には、次の年月等を丸括弧に入れないほうがよいかもしれない。

〈例〉
12(3), 2002.1
45(4), Fall 2002

丸括弧の中に刊行年月を記述したら、コロンを入れて頁づけを記述する。この場合にコロンの代わりにコンマを使うこともある。

〈例〉
第1巻第1号（1998年春季），12-34頁．
1巻1号（1998年春季），12-34．
Vol. 1, No. 3, Fall 1998, pp. 12-34.
Vol. 1, No. 3 (Fall 1998), pp. 12-34.
Vol. 1, no. 3 (Fall 1998): 12-34.
Vol. 1, no. 3, Fall 1998, pp. 12-34.
1 (3), Fall 1998: 12-34.

　雑誌によっては、継続はしていても途中でシリーズが変わり新シリーズが第1巻から始まる場合がある。その場合には雑誌名のすぐあとに「旧シリーズ」、「新シリーズ」、「第2シリーズ」、"o.s."（Old Series の略）、"n.s."（New Series の略）、"2d ser." などと記述する。

〈例〉
『国際商事法務』（新シリーズ）
Explorations in Entrepreneurial History. Second series　（3／Y）

(5) 学位論文その他の場合　⇒本書183頁

　未公刊の学位論文などを引用する場合には、論文に関する記述を一般の論文と同じように行なう。ただし、論文名を和書はカギ括弧または二重カギ括弧（『　』）に入れ、最後にどのような種類の学位論文であるかを角括弧に入れ、全体を丸括弧に入れ、論文名のあとに記述する。

〈例〉
（学位論文［法学博士］- 慶應義塾大学，1999年）
(Thesis [S.J.D.] - Harvard Law School, 2000)
(Thesis [Ph.D.] - University of Toronto, 2001)
(Thesis [doctoral] - Freie Universitat, Berlin, 2002)
　[1] 大森正仁「国際責任の履行における賠償について」（学位論文［法学博士］- 慶應義塾大学，2002年），12-34頁．

² 櫻井雅夫「国際投資促進保護の法的枠組み」1997年5月13日に開催された日本関税協会シンポジウムに提出されたペーパー．
　　³ "Androgen Action and Receptor Specificity" (Ph.D. dissertation, University of Chicago, 1985)
　　⁴ "TRIMs in the Uruguay Round: An Unfinished Business?," paper presented at the World Bank conference, 26-27 January 1995.

(6) 雑誌記事、新聞記事などの場合　⇒本書181頁

　一般誌や新聞の記事の場合には、学術雑誌からの引用と違い、巻号が表示されていても日付だけを記述する。したがって、日付は巻号の位置に記述され、丸括弧の中には含めないことになる。

　　〈例〉
　　⁶ 櫻井雅夫「UNCTAD総会の焦点を探る」『エコノミスト』1976年5月11日，48-52頁．
　　⁷ 「アイルランド和平合意」『通商弘報』(日本貿易振興会)，1998年4月15日，3-4頁．
　　⁸ 『日本経済新聞』1998年1月16日．
　　⁹ *Wall Street Journal,* 16 January 1998.
　　⁹ *Wall Street Journal,* January 16, 1998.
　　¹⁰ Anderson, Jack, "Memos Bare ITT Try for the Chile Coup," *Washington Post,* 21 March 1972, p. B13.

　また、新聞はべつとして、総合雑誌と学術雑誌との識別はむずかしい場合もあるので、その場合には巻号から記述したほうがよい。

　新聞記事の引用の場合には、新聞名と日づけだけで十分ではあるが、新聞によってはとくに日曜版では分厚く部門も分けられているので、そのときはセクション、版、頁などを記述しておいたほうがよい。記事の執筆者が分かっているときは、これも記述しておくと利用者には便利である。

　少なくともアメリカの新聞の場合、新聞名に都市名が入っていないときは、新聞名の前に都市名を加える。都市名がよく知られた他の都市の

名と同一のときは、丸括弧の中に州名を入れる。

出版地名が新聞名の一部になっていないときは、新聞名のうしろに丸括弧で都市名を入れる。

〈例〉
Times（London）
Le Monde（Paris）
La Nación（Buenos Aires）

この例で分かるように、英字新聞の"The"は省略するが、他の外国新聞では冠詞を残す。

よく知られていないとか何らかの誤解を招くおそれがある場合には出版地を加え、そうでないときは出版地名を加える必要はない。

〈例〉
中国新聞（広島）
法制日報（北京）
Wall Street Journal

(7) 政府刊行物の場合　⇒本書184頁

ここでは、日米政府に限定する。

〈例〉
[7] 外務省『政府開発援助（ODA）白書, 2003』総論．（東京：国立印刷局), 2002年．120頁．

[8] 経済産業省『通商白書, 2001：21世紀における対外経済政策の挑戦』（東京：ぎょうせい), 2001年．210頁．

外務省、経済産業省をそれぞれ「日本.外務省」、「日本.経済産業省」とするか否かについては、本書92頁参照。

外国向けの論文であることを想定したり、他国の省庁の刊行物も併用したりする場合には、外務省、経済産業省は、それぞれ「日本.外務省」、「日本.経済産業省」としたほうがよい（本書92頁）。

[9] Department of Commerce. International Trade Administration, *International Direct Investment: Global Trade and the U. S. Role*（Washington, D.C.: GPO, 1984), pp. 29-30.

シカゴ・マニュアルでは、この脚注方式の場合に省庁およびその部局の前の国名を標記しない点が括弧方式と違うところである（本書93頁）。また、"Department"は、議会図書館（LC）ルールでは"Dept."、学術論文によっては"Dep't"となる。また、"Government Printing Office"は、シカゴ・ルールでは"GPO"となるが、LCルールでは"U.S.Govt.Print.Off."となる。

(8) 法律関係資料の場合

i 日本の場合

日本では、法律関係の文献を引用する場合に統一の引用規則はないが、法律編集者懇話会(注)が「法律文献等の出典の表示方法」を作成している（詳しくは、本書巻末主要文献リスト［法律学・政治学・経済学］の項参照）。

> (注) 懇話会加盟の出版社は次のとおりである(五十音順)。岩波書店、学陽書房、ぎょうせい、金融財政事情研究会、経済法令研究会、勁草書房、弘文堂、三省堂、商事法務、成文堂、青林書院、第一法規出版、東京大学出版会、東京布井出版、日本加除出版、日本評論社、判例時報社、判例タイムズ社、法学書院、法曹会、法律文化社、民事法情報センター、有信堂高文社、有斐閣、良書普及会。

この表示方法に合わせなければならないということではないが、合わせるのであれば全体を通じて記述を統一する必要がある。

〈例〉
　＜図書の場合＞
　　イ　単　書
　　　記述は、著者『書名』頁（出版者, 版表示, 出版年）または（出版者, 版表示, 出版年）頁の順となる。
　　　例示のうち、出版年については西暦と日本の元号を意識的に使い分けているのかは不明である。
　　　三ヶ月章『民事訴訟法』125頁（弘文堂，第3版，1992）
　　ロ　共　著
　　　①一　般
　　　　記述は、執筆者「論文名」共著者名『書名』頁［出版者, 出版年］または共著者名『書名』頁［執筆者名］（出版者, 出版年）の順となる。
　　　　竹内昭夫「消費者保護」竹内昭夫ほか『現代の経済構造と法』397

頁［筑摩書房, 1978］
②講座もの
　　金沢良雄「独占禁止法の理論—構造（目的）」経済法学会編『独占禁止法講座Ⅰ総論』159頁（商事法務研究会, 1974）
③コンメンタール
　　幾代通編『注釈民法(15)』205頁［広中俊雄］（有斐閣, 1966）
④記念論文集
　　我妻栄「公共の福祉・信義則・権利濫用相互の関係」末川先生古稀記念『権利の濫用(上)』46頁（有斐閣, 1962）

ハ　翻訳書
　　記述は、原著者名（訳者名）『書名』（出版者, 出版年）の順となる。
　　ヴォン・メーレン編（日米法学会訳）『日本の法(上)』153頁（東京大学出版会, 1978）

＜雑誌論文＞
　　記述は、執筆者名「論文名」収録雑誌名　巻　号　頁（出版年または、巻　号（出版年）頁の順となる。
　　横田喜三郎「条約の違憲審査権—砂川判決を中心として」国家73巻7＝8号1頁以下（1960）
　　末広厳太郎「物権的請求権理論の再検討」法時11巻5号（1939）1頁以下［民法雑記帳(上)（日本評論社, 1953）所収, 238頁以下］
　　上記の中で、国家は国家学会雑誌、法時は法律時報の略称。
　　法学関係定期刊行物の略称一覧表は、上記懇談会の「表示方法」に収録されている。

＜判例研究＞
①雑　誌
　　記述は、執筆者名「判批」雑誌名　巻　号　頁（出版年または、巻（出版年）　頁の順となる。
　　大隅健一郎「判批」商事140号7頁（1959）
　　　　上記の中で、商事は旬刊商事法務の略称。
②単行本
　　記述は、執筆者名『書名』事件または、頁（出版者, 出版年）の順となる。
　　鈴木竹雄・判例民事法昭41年度18事件評釈（有斐閣, 1975）

＜判例、先例、通達＞

①判　例

最判昭和58年10月7日民集37巻8号1282頁［1285頁］

東京地八王子判昭37・11・28下民13・11・2395

大判大12・4・30刑集2巻378頁

　　上記のうち、最高裁の大法廷については最大判、小法廷判決については最判と表示する。なお、判例などの略称一覧は、懇談会の『表示方法』に収録されている。

②先例、通達

昭41・6・8民甲1213号民事局長回答

ii　アメリカの場合

　コロンビア、ハーバード、ペンシルバニア、エール大学の法学雑誌編集者は、『ブルーブック』の共通ルールを使用している。アメリカで論文を発表する場合にこのルールに合わせなければならないということではないが、これに合わせなくても全体を通じて記述を統一しておく必要はある。

〈例〉

＜判例の場合＞

―アメリカ最高裁判決

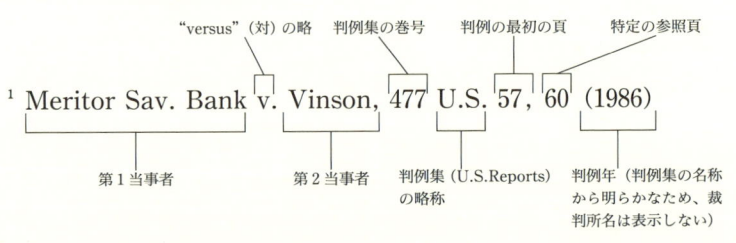

¹ Meritor Sav. Bank v. Vinson, 477 U.S. 57, 60 (1986)

- 第1当事者
- "versus"（対）の略
- 第2当事者
- 判例集の巻号
- 判例集（U.S.Reports）の略称
- 判例の最初の頁
- 特定の参照頁
- 判例年（判例集の名称から明らかなため、裁判所名は表示しない）

―アメリカ控訴裁判所(第4巡回裁判所)判決。後に最高裁判所が破棄。

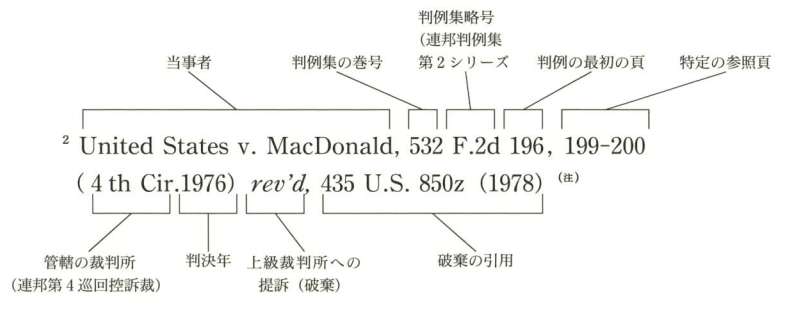

```
                              判例集略号
                             (連邦判例集
         当事者    判例集の巻号  第2シリーズ  判例の最初の頁  特定の参照頁
         ┌──┴──┐ ┌┴┐  ┌┴┐  ┌┴┐    ┌──┴──┐
² United States v. MacDonald, 532 F.2d 196, 199-200
 (4 th Cir.1976) rev'd, 435 U.S. 850z (1978) ⁽注⁾
  └──┬──┘   └┬┘  └──┬──┘ └─────┬─────┘
  管轄の裁判所   判決年  上級裁判所への   破棄の引用
 (連邦第4巡回控訴裁)       提訴(破棄)
```

⁽注⁾ アメリカ政府については United States v. MacDonald とし、United States of America v. MacDonald とはしない。

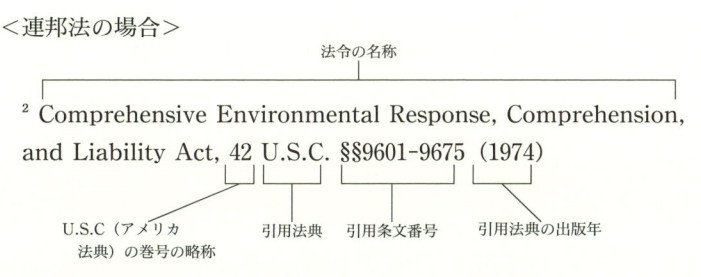

＜連邦法の場合＞

```
                        法令の名称
              ┌──────────┴──────────┐
² Comprehensive Environmental Response, Comprehension,
  and Liability Act, 42 U.S.C. §§9601-9675 (1974)
                     └┬┘ └──┬──┘  └──┬──┘
       U.S.C (アメリカ   引用法典  引用条文番号  引用法典の出版年
        法典)の巻号の略称
```

³ National Environmental Policy Act of 1969, Pub.L.No. 91-190, 83 Stat.852 (1970).

＜図書の場合＞

⁴ DEBORAH H. RHODE, JUSTICE AND GENDER 56 (1869)

⁵ CHARLES DICKENS, BLEAK HOUSE 49-55 (Norman Page ed., Penguin Books 1971) (1853)

＜学術論文の場合＞

⁶ Carolyn Heibrun & Judith Resnik, *Convergences: Law, Literature, and Feminism,* 99 YALE L. J. 1942 n.122 (1990).

⁷ John F. Dovidio et al., *Racial Stereotypes: The Content of Their Cognitive Representations,* 22 J. EXPERIMENTAL PSYCHOL. 22 (1976)

＜インターネット・ソースの場合＞ (本書95頁参照)

⁸ Dan L. Burk, Trademarks Along the Infobahn: A First Look at the Emerging Law of Cybermarks, 1 RICH J. L. & TECH. 1, ¶12 (Apr. 10, 1995) 〈http://www.urich.edu/-jolt/vli/burk.html〉.

ブルーブックでは、これが裁判所向け文書や法的意見書になると、次のようなものをアンダーラインの対象にする（Dworsky 2000, pp. 4-5）。

1　判例名；
2　図書および論文のタイトル；
3　法令のタイトル；
4　通常はアンダーラインを付さない出版物のタイトル（レポーター、法律専門誌）；
5　引用文中で使う導入シグナル（例えば、"see, e.g."、"see, e.g."）；
6　先行のまたは爾後の判決の導入説明句（例えば、"aff'd"、"aff'd"、"rev'd"、"rev'd"、"cert.denied"、"cert.denied"）；
7　関連の典籍に導入する文言（例えば、"in"、"in"、"quoted in"、"quoted in"、"citing"、"citing"）；
8　相互参照(例えば、"Id."、"Id."、"supra"、"supra"、"infra"、"infra"。ただし、"hereinafter"はそのまま立体)；
9　法学関係では余り使われない外国語；
10　引用の際にオリジナルがイタリック体になっている単語；
11　執筆者が強調したい個所。

〈例〉
　[1] See, e.g., Schoenfield v. First Commodity Corp., 793 F.2d 28 (1st Cir. 1986)
　[2] Jackson v. Metropolitan Edison Co., 348 F. Supp. 954, 956-58 （M. D. Pa. 1972），aff'd, 483 F.2d 754 (3d Cir. 1973)，aff'd, 419 U.S. 345（1974）.
　[3] Deborah L. Rhode, Justice and Gender 56（1989）.
　Thomas R. McCoy & Barry Friedman, Conditional Spending：Federalism's Trojan Horse, 1989 Sup. Ct. Rev. 85, 100.
　[4] Dan L. Burk, Trademarks Along the Infobahn: A First Look at the Emerging Law of Cybermarks, 1 Rich. J. L. & Tech. 1, ¶12 (Apr. 10, 1995)〈http://www.urich.edu/-jolt/vlil/burk.html〉.

(9) 二次資料からの引用

　　或る人の著作物で他の人の著作物に入っているものを引用するときは、前者が二次資料であることを明らかにするために、双方を記述する。記述方法は2種類あり、第1は引用されたものを先に書き、これを収録した文献を後に書く方法、第2はその逆の方法である。いずれの方法をとるかは、論文を書く者が何を強調したいかによって決まることである。

　　〈例〉
　　[10] 作田荘一「世界経済の成立過程」『経済論叢』第22巻第1, 2, 4号, 田中耕太郎『世界法の理論』東京：春秋社, 1954年, 第1巻, 31頁に引用.
　　[11] 田中耕太郎『世界法の理論』（東京：春秋社, 1954）1巻, 31頁, 作田荘一「世界経済の成立過程」『経済論叢』22巻1, 2, 4号を引用.
　　[12] P. Pescatore, "The Doctrine of Direct Effect: An Infant Disease of Community," *EL Rev.* 1983, p.164, quoted in Andrew Oppenheimer, *The Relationship between European Community Law and National Law: The Cases* (Cambridge, England: Cambridge University Press, 1994), p. 8.

　　　　先述のとおり(68頁)、"Cambridge, England："は、この事例ではCambridge University Pressという出版者名があるので、省略しても構わない。

　　[12] Andrew Oppenheimer, *The Relationship between European Community Law and National Law: The Cases* (Cambridge, England: Cambridge University Press, 1994), p. 8, citing P. Pescatore "The Doctrine of Direct Effect: An Infant Disease of Community," *EL Rev.* 1983, p. 164.

(10) インターネットで入手した資料の場合

　　[10] U. S. General Accounting Office, *Free Trade Area of the Americas: Negotiators Move Toward Agreement That Will Have Benefits, Costs to U. S. Economy*. Washington, D.C.: USGAO, 2001. (Sept. 2001)〈http://www.gao.gov/new.items/d@11027.pdf〉(opened Oct. 7, 2001)
　　[11] ICSID Cases〈http://www.worldbank.org/icsid/cases/cases.htm〉(visited January 16, 2003)

¹² Documents of ILO may be found at 〈http://www.ilo.org/public/English〉

(11) CD-ROM、ディスケット等で入手した資料の場合　⇒本書188頁

この場合は、タイトル（および版表示）の次に"CD-ROM"、"ディスケット"、"diskette"などと記入する。

〈例〉
¹¹『マイクロソフト・エンカルタ総合大百科』CD-ROM（東京：マイクロソフト，2002年）.「世界遺産」.
¹² Samuel Taylor Coleridge, "Dejection: An Ode," *The Complete Poetical Works of Samuel Taylor Coleridge*, ed. Ernest Hartley Coleridge, vol. 1 (Oxford: Clarendon, 1912) 362-68, English Poetry Full-Text Database, rel. 2, CD-ROM (Cambridge, England: Chadwyck, 1993).
¹³ "Albatross," *The Oxford English Dictionary*. 2d ed. CD-ROM (Oxford: Oxford University Press, 1992).
¹⁴ Michael Joyce, *Afternoon: A Story*. Diskette (Watertown, Mass.: Eastegate, 1987).
¹⁵ "Nuclear Medicine Technologist," *Guidance Information System*. 17th ed. diskette (Cambridge, Mass.: Riverside-Houghton, 1992).

(12) 2回目以降の引用

論文のなかで一度引用した文献を二回以上に亙って引用するときは、その文献の略称を決めるか、ラテン語の略語を使う。和書の場合の「同書」（「同論文」、「同資料」など）、「前掲書」（「前掲論文」、「前掲資料」など）、「同書同頁」（「同論文同頁」、「同資料同頁」など）がこれであり、これに対比するラテン語が *"ibid."*、*"op. cit."*、*"loc. cit."* である。

うしろの2つは、かつては一般的に使われていたが、今日外国ではあまり奨められていないようである。

〈例〉
　¹² Richard Lillich, *The Protection of Foreign Investment* (Syracuse, N.Y.: Syracuse University Press, 1965), p. 120.
　¹³ *Ibid*., p. 121.

同一人物のべつの著書を同時に引用するときは、当該べつの著書の前に和書では「同」、洋書では "*idem*" と記述する。

〈例〉
　¹⁴ 中村雄二郎『哲学の現在―生きること考えること―』岩波新書 黄版2．東京：岩波書店，1977年．52-53頁．
　¹⁵ 中村雄二郎，同書，54頁。
　　　もしくは
　¹⁵ 中村，同書，54頁．
　　　または
　¹⁵ 同書，54頁．
　¹⁶ 中村雄二郎『術語集―気になることば―』岩波新書 黄版276．東京：岩波書店，1984年．81頁．
　¹⁷ 中村雄二郎，同書，82頁．
　　　もしくは
　¹⁷ 中村，同書，82頁．
　　　または
　¹⁷ 同書，82頁．
　¹⁸ 同書，83頁；同『哲学の現在』，55頁．
　　　または
　¹⁸ 中村，同書83頁；同『哲学の現在』，55頁．
　¹⁹ J. Levinson, *and* Juan de Onis, *The Alliance That Lost Its Way* (Chicago: Quadrangle Book, 1970), p. 70.
　²⁰ *Ibid*., pp. 101-2.
　²¹ Richard Lillich, *The Protection of Foreign Investment* (Syracuse, N.Y.: Syracuse University Press, 1965), pp. 120-21.
　²² *Ibid*., p. 122.
　²³ *Ibid*., p. 123; *idem, The Alliance That Lost Its Way,* p.71.

さらに、法律関係の文献の引用の場合には、略語は "*id.*" を使い、"*id.*" が注記の先頭にくるときは、"*Id.*" とする。"*ibid.*" を使うの

は前に引用した文献の頁や個所に全くの変更がないときだけである。これは、ブルーブックで定められていることであり、ブルーブックに依拠しないのであれば関係がない。

〈例〉
＜最初の引用＞
[24] Public Vessels Act of 1925, 46 U.S.C. §§781-90 (1976).
＜爾後の引用＞
[25] Id. §§783.

(13) 相互参照

相互参照（Cross reference）は、論文の他の個所でひとつの文献をもう一度参照するときに、単に頁づけもしくは注の番号またはその双方を文章中に丸括弧に入れる方法のことである。こうした相互参照の方式は脚注にも使われる。もっとも、この方法をとる場合には技術的にむずかしいこともある。

相互参照の場合には、"above"（前出）や"below"（後出）といった用語も使われる。法律関係の論文などでは上記の用語に代えて"*supra*"、"*infra*"という用語が使われる。"*see*"（「を見よ」）という用語も使われることが多い。

〈例〉
[13] これ以上の詳細については,後出122-23頁の説明を見よ.
[14] For detailed explanation of this matter, *see* pp.198-200 below.
[15] Hefner, Huber, 1959. *See* Ray, Gordon N., *ed.* 12-34.
[16] Hefner, Huber, 1959. *See* also Ray, Gordon N., *ed.* 56-78.

「上記注5を見よ」というように資料のタイトルへの参照を意図するだけの簡略化方式は少なくともアメリカでは好まれず、あくまでも一定の基準で行なうことが奨められている。

方式1では①最初の著者の姓、②書名または論文名（簡略化したもの）、③頁の順で記述し、方式2では①最初の著者の姓、②頁の順で記述する。

〈例〉
＜方式1＞
　　　[17] 櫻井雅夫『国際経済法研究』（東京：東洋経済新報社，1977年），123頁．
　　　[18] 櫻井雅夫『国際経済法』新版．現代法律学体系．（東京：成文堂，1998年），234頁．
　　　[19] 横川新『国際投資法序説』（東京：千倉書房，1972年），134頁．
　　　[20] 櫻井雅夫『国際投資法』三訂版．（東京：有信堂，1993年）145頁．
　　　[21] 櫻井，国際経済法，235頁．
　　　　　または
　　　[21] 櫻井『国際経済法』235頁．
　　　[22] 櫻井，国際経済法研究，125頁．
　　　　　または
　　　[22] 櫻井『国際経済法研究』125頁．
＜方式2＞
　　　[23] Georg Schwarzenberger, "The Province and Standards of International Economic Law," *International Law Quarterly,* Vol. 2, No. 3 (Autumn 1948), p. 405.
　　　[24] Georg Erler, *Grundprobleme des internationalen Wirtschaftsrecht* (Göttingen: O. Schwartz, 1956), S. 3.
　　　[25] Erler, S. 205.

(14) 脚注方式の場合の巻末引用文献リスト標記例
ⅰ　単著の場合　⇒本書163頁

　　西川俊作『福沢諭吉の横顔』Keio UP 選書．東京：慶應義塾大学出版会，1998年．
　　　　または
　　西川俊作『福沢諭吉の横顔』東京：慶應義塾大学出版会，1998年．
　　（Keio UP 選書）
　　西川俊作　福沢諭吉の横顔　Keio UP 選書　東京：慶應義塾大学出版会，1998年．
　　　最後の例はかなり簡略化された記述方式を取っているが、いろいろな問題を起こしやすいので、あまり奨められない。

Friedmann, Wolfgang, *The Changing Structure of International Law.* London: Stevens & Sons, 1964.

Moncan, Patrice de. *Guide littéraire des Passages de Paris.* Paris: Hermé, 1996.

ii 共著の場合　⇒本書166頁

山岸健・山岸美穂『日常的世界の探求―風景/音風景/音楽/絵画/旅/社会学―』東京：慶應義塾大学出版会，1998年．

国本伊代・畑恵子・細野昭雄『概説メキシコ史』有斐閣選書849．東京：有斐閣，1984年．

衞藤瀋吉・渡辺昭夫・公文俊平・平野健一郎『国際関係論』 2 版．東京：東京大学出版会，1989年．

Katz, Milton, *and* King Brewster, *The Law of International Transactions and Relations.* New York: Foundation Press, 1960.

Folsom, Ralph H., Michael Wallace Gordon, *and* John A. Spanogle, Jr., *International Business Transactions: A Problem-oriented Coursbook.* St. Paul, Minn.: West Publishing Co., 1988.

Henkin, Louis, and others, International Law. 3d ed. St. Paul, Minn.: West Publishing Co., 1993.

　　メイヤー・マニュアルに従えば、次のように全員を記述する。

Henkin, Louis, Richard Crawford Pugh, Oscar Schachter, *and* Hans Smit, *International Law.* 3d ed. St. Paul, Minn.: West Publishing Co., 1993.

iii 著者不明（出版年も不明）の場合　⇒本書167頁

『ASEAN 産業高度化に向けた展望と課題』（東京：通商産業省，[1995年]）出版年のカギ括弧は、出版年が記述されていない場合に、何らかの方法で調べて補充したことを示す。

The Lottery. London: J. Watts [1732]

iv 著者に相当する団体などの標記 ⇒本書168頁

    国際貿易投資研究所『多数国間投資協定に関する調査研究』東京：国際貿易投資研究所，1997年．
    American Law Institute, *Restatement of the Law (Second): Foreign Relations Law of the United States*. Adopted and promulgated by the American Law Institute. St. Paul, Minn.: American Law Institute Publishers, 1965.

v 著者に相当する編者または編纂者がいる場合 ⇒本書169頁

    霜野寿亮・関根政美・有末賢編『社会学入門』東京：弘文堂，1996年．
    Campbell, Dennis, *ed., Legal Aspects of Doing Business in Western Europe*. International business series. Deventer: Kluwer Law and Taxation Publishers, 1983.

vi べつの著者が翻訳した著書の場合 ⇒本書169頁

    Guérard, Albert『世界文学序説』(中野好夫訳) 東京：筑摩書房，1974年 (原書名：Preface to World Literature. New York: Holt and Company, 1940)
    Calvo, Carlos, The Calvo Clause. Translated by Donald Shea. Minneapolis, Minn.: University of Minnesota Press, 1955.

vii 著作集の場合 ⇒本書170頁

    天野貞佑『天野貞佑全集』第5巻 教育論．東京：栗田出版会，1970．特に「新しい大学のビジョン」．
    Coleridge, Samuel Taylor, The Completed Works of Samuel Taylor Coleridge. Edited by W. G. T. Shedd. Vol. 1, Aids to Reflection. New York: Harper & Bros., 1884.

viii 総合のタイトルと編者による多数巻の中で個々のタイトルを持つ巻の場合 ⇒本書170頁

山田辰雄・渡辺利夫監修『講座現代アジア』第4巻 地域システムと国際関係（平野健一郎編）東京：東京大学出版会，1994年．

Ray, Gordon N., ed., *An Introduction to Literature.* Vol. 2, The Nature of Drama, by Hubert Hefner. Boston: Houghton Mufflin Co., 1959.

ix 総合のタイトルと1人の著者による多数巻の中で個々のタイトルを持つ巻の場合 ⇒本書171頁

我妻榮『民法研究』第8巻 憲法と私法．東京：有斐閣，1970年．

Wright, Sewall, *Evolution and the Genetics of Populations.* Vol. 4, *Variability within and among Natural Populations.* Chicago: University of Chicago Press, 1978.

x シリーズ（双書）の中の著書の場合 ⇒本書172頁

松枝茂夫編『中国名詩選』岩波文庫770．東京：岩波書店，1984年．中巻．

Khindria, Tony, *Foreign Direct Investment in India.* Foreign Investment in Asia Series. London: Sweet & Maxwell, 1997.

xi 編者がいるシリーズ（双書）の中の著書の場合 ⇒本書172頁

斉藤孝ほか『第一次世界大戦』荒松雄ほか編『岩波講座世界歴史24，現代；1』東京：岩波書店，1970年．

Horn, Norbert, ed., *Legal Problems of Codes of Conduct for Multinational Enterprises.* Studies in Transnational Economic Law, ed. Norbert Horn, Clive M. Schmitthoff and Richard B. Buxbaum, vol. 1. Deventer: Kluwer B.V., 1980.

xii ペーパーバック・シリーズの場合 ⇒本書173頁

『千一夜物語』（豊島与志雄ほか訳）東京：岩波書店，1983年；岩波文庫 赤版 780-1〜781-2，1988年．（アラビア語の原文からの次のフランス語版使用：*Le Livre des mille nuits et une nuit,* par le Dr. J. C. Mardrus）

Folsom, Ralph H., Michael Wallace Gordon, *and* John A. Spanogle, Jr., *International Business Transactions*. 4th ed. St. Paul, Minn.: West Publishing Co., 1992; West Nutshell Series, 1992.

xiii 復刻版の場合　⇒本書174頁

田中耕太郎『世界法の理論』東京：岩波書店, 1932-34；復刻版, 東京：春秋社, 1954年.
Commons, John R., *Legal Foundation of Capitalism*. New York: Macmillan Company, 1924; reprint, Madison, Wis.: The University of Wisconsin Press, 1959.

xiv 英語以外の図書に英語を補足する場合　⇒本書175頁

Langen, Eugen, *Studien zum internationalen Wirtschaftsreht*. [Studies on internatioal economic law] Munich: C. H. Beck'sche Verlagsbuchhandlung, 1963.

xv 和書に英語を補足する場合　⇒本書176頁

櫻井雅夫『国際開発協力法』[*Kokusai-kaihatsu-kyoryoku-ho*. Law of international development co-operation] 東京：三省堂, 1994年.

xvi べつの著者の著作の一部分の場合　⇒本書176頁

宇佐見滋「パクス・アメリカーナの挫折」有賀貞・宮里政玄編『概説アメリカ外交史』有斐閣選書 108. 東京：有斐閣, 1983年.
Tan, Gerald, "ASEAN Preferential Trading Arrangements." In *ASEAN at the Crossroad,* ed. Noordin Sopiee, Chew Lay See and Siang Jin, pp. 63-70. Kuala Lumpur: ISIS, 1887.

xvii 1人の著者の著作の一部分の場合　⇒本書177頁

櫻井雅夫「NAFTA 諸国における貿易・投資の自由化」同『国際経済法』新版. 現代法律学体系. 第15章. 東京：成文堂, 1997年.

Nugent, Neill, "EU Law and the Court of Justice." Chap. 8 in *The Government and Politics of the European Union*. 3d ed. Durham, N. C.: Duke University Press, 1994.

xviii　学術雑誌の場合　⇒本書179頁

米谷匡史「戦時期日本の社会思想―現代化と社会変革―」『思想』1997年12月号（通巻882号），1997年12月，73-75頁．
　　　　または
米谷匡史「戦時期日本の社会思想―現代化と社会変革―」『思想』通巻882号（1997年12月），73-75頁．

Karl, Joachim, "The Promotion and Protection of German Foreign Investment Abroad." *ICSID Review - Foreign Investment Law Journal,* Vol. 11, No. 1, pp. 1-36.
　　　　または
Karl, Joachim, "The Promotion and Protection of German Foreign Investment Abroad." *ICSID Review - Foreign Investment Law Journal* 11 (Spring 1996): 1-36.

xix　新聞記事の場合　⇒本書181頁

無署名の記事を論文中で一回しか引用しないときは、脚注があれば十分であり、文献リストなどに含める必要はない。

櫻井雅夫「ODA 新たな視点―投資・貿易との結びつきを―（経済教室）」『日本経済新聞』1997年7月3日，31頁．
Anderson, Jack. Memos Bare ITT Try for the Chile Coup. *Washington Post,* 21 March 1972, B13.
　　　　または
Anderson, Jack, "Memos Bare ITT Try for the Chile Coup," *Washington Post,* 21 March 1972, p. B13.

xx　（日米）政府刊行物の場合　⇒本書184頁

日本．経済産業省『通商白書，2002』東京：ぎょうせい，2002年．

U. S. Department of Commerce. International Trade Administration, *International Direct Investment: Global Trade and the U. S. Role*. Washignton, D.C.: GPO, 1984.

xxi インターネットで入手した資料の場合　⇒本書188頁

　先に説明したように、アメリカでも記述ルールは確立されていないし、かなり混乱している（本書95頁参照）。基本的には資料の記述は、通常の文献標記方式と同じである（例えば、本書77頁以下参照）。詳細は先に説明したとおりなので、ここでは要点だけを記すことにする。通常の文献標記方式と違う点ないしこれに加わる点は、次のとおりである。

　1　電子出版の年（＋月、日）を記すということ；
　2　URLを記すということ；
　3　アクセスした（サイトを"visit"した/"open"した/"retrieve"した）年月日を記すということ。

　ここでは、ひとつの解決策として次のような方式を採用することを薦めたい。

　通常の文献情報、（電子出版年（＋月日））、〈URL〉、（アクセスしたことと、その年月日）

　"〈URL〉"を"[URL]"、"(URL)"とするのもよい。電子出版年（＋月日）が不明のときは、省略する。

〈例〉

McCoy, Terry L., *The Free Trade Area of the Americas: Opportunities and Challenges for Florida*. Gainesville, Fla.: University of Florida. Center for Latin American Studies, 2001. (Mar. 2001) 〈http://www.latam.ufl.edu/publications/ftaa_paper.html〉 (openedAug. 25, 2002)

U. S. Dept. of Defense, *Press Briefings* (Jan. 20, 1999), available in [http://Defenselink.mil/news/Jan1999/t01201999]

Feinberg, Richard, *Comparing Regional Integration in Non-identical Twins: APEC and the FTAA*. San Diego, Calif.: University of California. Graduate School of International Relations and Pacific

Studies, 2000. (Mar. 30, 2000) 〈http://www.-irps.ucsd.edu/faculty/rfeinberg/Feinberg.pdf〉 (retrieved July 8, 2002)

Documents of ILO may be found at 〈http://www.ilo.org/public/English〉

日本．経済産業省．国際経済課『経済連携協定についての考え方と最近の動向』東京：経済産業省，2002年．(2002年5月)〈http://www.meti.go.jp/policy/trade_policy/epa/html/epa_0201.html〉(検索日：2002年7月22日)

xxii　CD-ROM、ディスケットで入手した資料の場合　⇒本書188頁

『マイクロソフト・エンカルタ総合大百科』CD-ROM（東京：マイクロソフト，2002年）.「アーサー王伝説」.

Coleridge, Samuel Taylor, "Dejection: An Ode," *The Complete Poetical Works of Samuel Taylor Coleridge*, ed. Ernest Hartley Coleridge, Vol.1 (Oxford: Clarendon, 1912), pp. 362-68, English Poetry Full-Text Database, rel. 2, CD-ROM (Cambridge, Eng.: Chadwyck, 1993).

"Nuclear Medicine Technologist," *Guidance Information System*. 17th ed. diskette (Cambridge, Mass.: Riverside-Houghton, 1992).

VI 文献目録（ビブリオグラフィー）の作り方

1 文献目録とは

　文献目録（Bibliography. ビブリオグラフィー。以下、「ビブ」と略す。）という用語は、ここでは図書や論文の執筆に参考になると思われる文献をリストしたものという意味で使っている。直接参考にしたり引用したりした文献も含めるのであれば、ビブは参考文献リスト（References/Reference list）や引用文献リスト（Works Cited）を兼ねることにもなる。

　厳しいことをいえば、ビブに網羅的な（comprehensive）ものはありえないので、標目としては日本語では「主要文献（目録）」、「主要参考文献」など、英語では"Selected Bibliography"などと控え目な表現にしたほうがよい場合もある。

　収録した文献の一部ないし全部に注記を付したものは、"Annotated Bibliography"とよばれる。

2 ビブの形態と文献の分類

　ビブは、或る主題（subject）に関して文献をリストし、カード・フォームまたはブック・フォームで整理される。それは必ずしも図書や論文の後に収録されるとは限らず、単独で刊行されることもある（例えば、本書巻末資料4、5参照）。ブック・フォームにしたときは、書誌とよぶこともある。

　ビブが小さいものであればともかく、大きいものになれば何らかの基準で収録文献・資料を分類する。例えば、文献・資料の形態—図書、論

文、記事、テープなど—で分類したり、主題（Subject）で分類したり、必要に応じてさらに何らかの基準—刊行年順など—で小分類を行ない、項目名を付したりする。

3 ビブの記述と注の記述の違い

(1) 基本的な違い

　　ビブの目的は、利用者ないし次代の研究者に対して関係文献・資料の基本的な書誌的事項すなわち著者名、文献・資料名、出版地、出版者、出版年などを知らせることである。その目的からすれば、頁づけは重要な記述事項ではない。

　　他方、注の目的は、①読者・利用者に対して図書・論文の著者がどの文献・資料を使用したかを知らせることと、②利用者に著者がどの個所を使用したかを知らせること、である。その意味では頁づけは重要な記述事項になる。

　　ビブの場合には、著者の姓ないしファミリー・ネームのアイウエオ順ないしアルファベット順で整理するので、少なくとも最初の著者については、姓ないしファミリー・ネームをインバートして最初に記述する。

　　他方、注の場合には、著者名はインバートないしリバースする必要性がないので、そのままの順序で記述する。もっとも、論文作成マニュアルによっては、注の場合でも最初の著者及び共著者の名をすべてインバートするよう指示している（例えば、APAマニュアル）。

(2) ビブの基本フォーム

　　ビブの記述に統一された基準はない。強いて基本的なフォームを示せば、次のようになる（詳しい具体例は、本書第2部Ⅶ参照）。
　　［和書の場合］
　　　著者『本タイトル—（または：）副タイトル—』版表示．出版地：出版者，出版年．

または

著者．(出版年)．『本タイトル―（または：）副タイトル―』版表示．出版地：出版者．

〈例〉

福岡正夫『ゼミナール経済学入門』2版．東京：日本経済新聞社，1994年．
福岡正夫．(1994)．『ゼミナール経済学入門』2版．東京：日本経済新聞社．

［和雑誌の場合］

著者「本タイトル―（または：）副タイトル―」『雑誌名』巻号，年月（日），頁づけ．

雑誌では、頁づけが省かれる場合もある。

〈例〉

櫻井雅夫「アメリカの投資奨励保護協定（上・下）」『国際商事法務』30巻9，10号，2002年9，10月，1208-12, 1373-80頁．

［洋書の場合］

Author, A. A., B. B. Author, *and* C. C. Author. Main title of article: Subtitle of article. Location: Publisher, Publication date.

または

Author, A. A. (2003). Title of work. Location: Publisher.

〈例〉

Schwarzenberger, Georg, *A Manual of International Law.* 4th ed. London: Stevens & Sons, 1964.

または

Schwarzenberger, Georg. (1964). *A Manual of International Law.* 4th ed. London: Stevens & Sons.

Cone, J. D., *and* S. L. Foster. (1993). *Dissertations and Theses from Start to Finish: Psychology and Related Fields.* Washington, D.C.: American Psychological Association.

または

Cone, J. D., & Foster, S. L. (1993). *Dissertations and theses from* start to finish: Psychology and related fields. Washington, D.C.: American Psychological Association.

　　これはAPAマニュアルの標記例なので、共著者の姓名のインバート、両者を結ぶ"&"（アンパーサンド）、メイン・タイトルとサブタイトルの大文字・小文字の使い分けに注意。

Graham, E. M., and P. R. Krugman. "The Surge in Foreign Direct Investment in the 1990s." In Foreign Direct Investment, ed. K. A. Froot. Chicago: University of Chicago Press, 1993.

　　または

Graham, E. M. & Krugman, P. R. (1993). The Surge in Foreign Direct Investment in the 1990s. In Foreign Direct Investment, ed. K. A. Froot. Chicago: University of Chicago Press.

［洋雑誌の場合］

Author, A. A., B. B. Author, and C. C. Author. (2003). Main title of article: Subtitle of article. Title of Periodical, xx, xxx-xxx.

（"and"を"&"にすることも多い。）

または

Author, A. A., Author, B. B., & Author, C. C. (2003, month). "Main title of article: Subtitle of article." Title of Periodical, xx (xx), xx, xxx-xxx.

または

Author, A. A., B. B. Author, & C. C. Author. "Main title of article: Subtitle of article." Title of Periodical, Vol. x, No. x, month year, pp.x, xx-xxx.

〈例〉

Schiff, Maurice, and L. Alan Winters. (2002). "Regionalism and Development: The Implications of World Bank Research for ACP and Latin American Countries." Journal of World Trade, Vol. 36, No. 3, June 2002, pp. 479-99.

　　または

Schiff, M., & Winters, L. A. (2002, June). Regionalism and Development: The Implications of World Bank Research for ACP and Latin

American Countries. *Journal of World Trade*, 36(3), 479-99.

(3) ビブ作成上の留意点

　上記はあくまでも事例にすぎず、どのようなルールによっても記述が統一されていればよい。強いて上記の事例から注意すべきことを抽出すると、次のようになる。

1　出版事項すなわち出版地・出版者・出版年については、注では丸括弧に入れる場合が多いが、ビブでは丸括弧に入れないということ；
2　洋書の場合には書名（および論文名）の普通名詞なども大文字にする場合が多いということ（本書79、107頁参照）；
3　和書では姓と書名の間に「、」、「，」を入れるものもあり、また洋書では姓名と書名の間をカンマでなくピリオドを使うものもあるということ；
4　ビブでは、洋書の場合に著者が2人以上のときは、排列のために最初の著者だけをインバートしそのあとの名前はノーマル・オーダーで記述する場合と，すべての著者をインバートする場合があるということ。

　最後の著者と手前の著者の間のカンマを省略したり、"and"を立体にしたままのものもある。先に記したように、ラテン系の姓名の場合に名前自体の中に"and"に相当する"y"、"e"などの接続詞が入っている場合がある。したがって、そのような文献もインターファイルする（分けずに混ぜて排列する）のであれば、"and"の前のカンマは省略しないほうがよい。そうしたくなければ、"&"（アンパーサンド）を使うことになる。

　注の場合にはカンマや丸括弧が使われるが、ビブでは各主要部分——著者名、書名、出版事項——の末をピリオドで結ぶ。ただし、雑誌論文のときは、雑誌名と巻号の間にピリオドもカンマも記さず、また巻号の次の、出版年月（日）を丸括弧に入れる方式もある。

　〈例〉
　Pfaffermayr, M. "Foreign Direct Investment and Exports: A Time

Series Approach." *Applied Economics* Vol. 26, No. 4（April 1994），pp. 337-51.

　　また、ビブでは書名の中の各語を大文字で記入することを原則とするマニュアルが多く、その場合には冠詞、前置詞、等位接続詞、不定詞をとる"to"が小文字となる（本書107頁参照）。

　　ビブの場合でも、文献全体の一部が該当するときは、その部分の最初の頁と最後の頁を記述する。論文ないし記事が学術雑誌ないし一般雑誌のなかで後のほうの頁に飛ぶときは、最初の頁分だけを記述すればよい。ただし、ビブで頁づけをしない場合もある。

　　さいごに、記述が2行以上にわたる場合に2行目以下のインデンション（字下がり）をどのようにするかについてはさまざまな基準ないしルールがあるが、和書では全角1〜2文字、ローマ字では半角2〜4レターとし、ハンギング・インデンションにするのが見やすいし見た目もよい（本書26頁参照）。

4　著者名の排列

　　排列（ファイリング）をコンピュータで処理することも可能であるが、その前に著者名をどう捉えるかということが決定的な作業になる。

　　排列は、和書では著者名のアイウエオ順またはアルファベット順、洋書ではアルファベット順で行なわれるのが一般である。和書と洋書（外国書）をインターファイルする（分けずに混ぜて排列する）ときは、アルファベット順にするのが最もよい。

　　排列の細かいルールはさまざまであるが、原則的には語（word）ではなく字（letter）の発音で追っていく。

　　アルファベット順で排列する場合には、次のようになる。

　　　　〈例〉
　　　　　〈和　書〉　　　〈発　音〉
　　　　　阿辺一郎　　　　アベ，イチロウ

阿部錠輔	アベ，ジョウスケ
阿部和子	アベ，カズコ
安部友紀江	アベ，ユキエ
相澤一好	アイザワ，カズヨシ
相沢啓一	アイザワ，ケイイチ
安藤信広	アンドウ，ノブヒロ
安東和喜子	アンドウ，ワキコ
荒井健二郎	アライ，ケンジロウ
新井正男	アライ，マサオ
荒井佐愈子	アライ，サヨコ
新井俊彦	アライ，トシヒコ

メディア・センターや図書館では、和書のカタロギングの場合に姓と名の間に（，）を入れているが、ビブを作成する場合にはそうしない。

〈例〉

洋　書

　　　Augustine, Saint
　　　Becket, Thomas à
　　　Braun, Wernher von
　　　D'Annunzic
　　　de Gaulle, Charles
　　　de Kooning, Willem
　　　De la Rey, Jacobus Hercules
　　　Della Robbis, Luca
　　　De Mille, Agnes George
　　　De Valera, Eamon
　　　Deventer, Jacob Louis van
　　　De Vere, Aubrey Thomas
　　　Dimaggio, Joseph Paul
　　　Gogh, Vincent van
　　　Guardia, Ricardo Adolfo de la
　　　Hindenburg, Paul von
　　　Lafontaine, Henri-Marie
　　　La Fontaine, Jean de

Ⅵ　著者名の排列

Linde, Otto zur
Mabie, Hamilton Wright
Macalister, Donald
MacArthur, Douglas
Macaulay, Emilie Rose
MacMillan, Donald Baxter
Macmillan, Harold
McAdoc, William Gibbs
McAllister, Alister
M'Carthy, Justin
Ramée, Marie Louise de la
Sainte-Beuve, Charles-Augustin
Saint-Gaudens, Augustus
Saint-Saëns, Charles-Camille
St. Denis, Ruth
St. Laurent, Louis Stephen
Thomas à Kempis
Van Devanter, Willis
Van Rensselaer, Stephen
　　（この例は、シカゴ・マニュアルによる。）

　この洋書の例で分かるように、ここではあくまでも文献に記述された姓名をレター・バイ・レターで追っている。したがって、"Mac"が"Mc"とか"M"になっていたり、"Saint"や"Sainte"が"St."とか"Ste"になっていれば、綴りを戻さずにそのまま排列している。もっとも、この略語を完全な綴りに直して排列することも自由である。しかし、このときは排列のうえで完全な綴りと考えるということであって、著者名そのものを書き直してはいけない。

　姓が複合の場合には、その最初の姓で排列する。ただし、複合姓を分割したりインバートしたりする際には、その姓名の本人の用法または定着している用法を優先させる。

　　〈例〉
　　Ap Ellis, Augustine

Campbell-Bannerman, Henry
Castelnuovo-Tedesco, Mario
de Gaulle, Charles André Joseph Marie
Fénelon, François de Salignac de La Mothe-
Gatti-Casazza, Giulio
Ippolitov-Ivanov, Mikhail Michaylovich
La Révellière-Lépeaux, Louis-Marie de
Lloyd Goerge, David
Mendes, Frederic de Sola
Mendès-France, Pierre
Merle d'Aubigne, Jean-Henri
Merry del Val, Rafael
Pinto, Fernão Mendes
Teilhard de Chardin, Piere
Vaughan Williams, Ralph
Watts-Dunton, Walter Theodore
Wilson Lang, John

Ⅵ 著者名の排列

　姓名のインバージョンは安易に処理してはいけない。日本人がいわば勝手にインバートして文献リストを作成しても、それは国際的に通用するものではないし、次代の利用者を混乱させるだけである。
　例えば、シャルル・ドゴール（Charles André Joseph Marie de Gaulle）大統領はde Gaulleで"D"からインバートするのか"G"からインバートするのか（deは前置詞）、指揮者のヘルベルト・フォン・カラヤン（Herbert von Karajan）はKarajanで"K"からインバートするのかvon Karajanで"v"からインバートするのか（vonはドイツの出身、称号など）、ウタント（U Tant）国連事務総長は"U"からインバートするのかTantからインバートするのか（"U"はビルマ/ミャンマーの称号）というようなことである。
　また、ラテン系の国（フランス、イタリア、スペイン、ポルトガル、ラテン・アメリカなど）の姓名は、一般に授かり名ないしクリスチャン・ネーム（2つ以上の場合もある）と父方の姓と母方の姓から成り、後者すなわち父方と母方の2つが"y"とか"e"でつなげられている場合も

155

ある。この場合には、父方の姓でインバートする。しかし、次のような例ではどれが父方の姓かが不明である。

　　〈例〉
　　Raimundá Fatima Ribeiro de Nazaré「ガラナ（Guaraná）：その歴史，成分，製品利用及び副産物」『FFIジャーナル』204号，2002年9月，37-44頁.

以上のような場合には、本人や本人の出身地、居住地などの図書館に問い合せるとかアメリカの議会図書館（LC）のAuthor Catalogで調べることになる。現在は、国立情報学研究所（NII。2004年度から情報・システム研究機構の一部に）のデータベース・システム「NACSIS」につながれば、多少のことは端末器で即座に分かる。それでも確認できないときは、ビブのなかに「"を見よ"参照」（See Reference）をつければよい。上記の例の場合、かりにNazaréが姓であって、"de"が"Nazaré"と切り離せないことが判明したときは、次のようにする。

　　〈例〉
　　　　................
　　de Nazaré, Raimunda Fátima Ribeiro「ガラナ（Guaraná）：その歴史，成分，製品利用及び副産物」『FFIジャーナル』204号，2002年9月，37-44頁.
　　　　................
　　Nazare, Raimunda Fatima Ribeiro de
　　　　　　　de Nazaré, Raimunda Fátima Ribeiroを見よ
　　　　　　　または
　　　　　　　See, de Nazaré, Raimunda Fátima Ribeiro
　　　　　　　または
　　　　　　　→ de Nazaré, Raimunda Fátima Ribeiro
　　　　................
　　Ribeiro de Nazaré, Raimunda Fátima
　　　　　　　de Nazaré, Raimunda Fátima Ribeiroを見よ
　　　　　　　または
　　　　　　　See, de Nazaré ,Raimunda Fátima Ribeiro
　　　　　　　または

　　　　　　　→ de Nazaré, Raimunda Fátima Ribeiro
....

　アラビア語、中国語、タイ語、マレー語、インドネシア語などの姓名のインターファイルには特別の注意を払う必要がある。相応のルールはあるが、どこからインバートしてよいかわからないとき、またどの基準でローマ・レターにしてファイルするかが不明のときは、上記LCのカタログによるか、地域研究（Area studies）の専門家に相談するのが賢明である。

　著者名が同姓であって、最初の頭文字が同一、頭文字だけしか確認できないもの、同名にミドル・ネーム（またはその頭文字）が加わったもののときは、次のように排列する。

　　〈例〉
　　Mill, J. S.
　　Mill, John
　　Mill, John S.
　　Mill, John Stuart

　"Sr." とか "Jr." とかローマ数字の入っている名前をインバートするときは、レター・バイ・レターで排列する。

　　〈例〉
　　Lindbergh, Charles A., Jr.
　　Lindbergh, Charles A., Sr.
　　Lindbergh, Charles A. III
　　Lindbergh, Charles Augustus, Jr. (注意：この場合、Lindbergh, Jr., Charles Augustusというインバージョンはしない。)

　なお、ビブでは和洋の文献を分けずにインターファイルすることもある。この場合に、図書館やメディアセンターでは外国人の名前を日本語の発音に直してファイルするところが多いが、日本語の発音に直すこと自体がさまざまな問題を生じさせる。

　例えば、次の5名を原綴りのアルファベット順に配列してみる。

　　Cadogan, Alexander　　　　（参考：アメリカの元国務次官）

　　　　Eden, R. Anthony　　　　　　（参考：イギリスの元首相）
　　　　Eisenhower, Dwight D.　　　（参考：アメリカの元大統領）
　　　　Litovinov, Maksim　　　　　（参考：旧ソビエトの元駐米大使）
　　　　Philimore, Walter　　　　　（参考：国際連盟規約起草者）

　これを日本語の発音に直してアルファベット順に配列すると、順序は次のように全く変わってしまう。

　　　A
　　アイゼンハワー,D.D.
　　　F
　　フィリモア,W.
　　　I
　　イーデン,R.A.
　　　K
　　カドーガン,A.
　　　R
　　リトビノフ,M.

　ビブの作成が学術論文の作成作業の一部ということであるならば、日本語に直さないで排列したほうがよい。

　いずれにしても、排列に当たってはメディアセンターや図書館の専門家に相談するとよい。

5　同一著者の文献を列挙する場合

　同一著者の複数の文献を続ける場合には、最初の文献には姓名を記述し、次からは著者名に代えて、和書のときは「同」または下線（＿＿＿）または棒線（──）を、洋書のときは下線または棒線を記述する。排列は、文献の出版年順または著者名のアルファベット順で行なうことが多い。また、書名の先頭の冠詞、前置詞、接続詞などを無視して排列することもある。

〈例〉

和書の場合

　〈出版年順に排列したとき〉

櫻井雅夫『国際機構法』東京：第一法規出版，1993年．

同『新国際投資法』東京：有信堂，2000年．

同『開発協力：その仕組みと法』東京：国際経済法センター，2000年．

　もしくは

——『新国際投資法』………．

——『開発協力：その仕組みと法』………．

　または

櫻井雅夫．1993年．『国際機構法』東京：第一法規出版．

同．2000a．『新国際投資法』東京：有信堂．

同．2000b．『開発協力：その仕組みと法』東京：国際経済法センター．

　〈文献名のアルファベット順に排列したとき〉

櫻井雅夫『開発協力：その仕組みと法』東京：国際経済法センター，2000年．

同『国際機構法』東京：第一法規出版，1993年．

同『新国際投資法』東京：有信堂，2000年．

洋書の場合

　〈出版年順に排列したとき〉

Eliot, T. S. The Sacred Wood: *Essays on Poetry and Criticism*. London: Methuen, 1920.

——. *The Waste Land*. New York: Boni & Liveright, 1922.

——. *Murder in the Cathedral*. New York: Harcourt, Brace, 1935.

　または

Eliot, T. S. 1920. *The Sacred Wood: Essays on Poetry and Criticism*. London: Methuen.

——. 1922. *The Waste Land*. New York: Boni & Liveright.

——. 1935. *Murder in the Cathedral*. New York: Harcourt,

Brace.

〈文献名のアルファベット順に排列したとき〉

Eliot, T. S. *Murder in the Cathedral.* New York: Harcourt, Brace, 1935.

――. *The Sacred Wood: Essays on Poetry and Criticism.* London: Methuen, 1920.

――. *The Waste Land.* New York: Boni & Liveright, 1922.

（洋書の例はシカゴ・マニュアルから作成。）

著者が編集した図書または著者が他の者の協力を得て執筆した図書は著者だけで執筆した図書と一緒に排列してはならず、①著者1人による図書（単行書）、②著者の編集書、③著者を含む共著、④著者の翻訳書、⑤著者の編纂書の順で排列する。共著の場合には、当該著者の名前は繰り返す代わりに下線（＿＿）または棒線（――）を使うこともできる。

〈例〉

Thomas L. Brewer. "International Investment Disputes Settlement Procedures." *Law and Policy in International Business.* Vol. 26, No. 3 (1995), pp. 633-73.

＿＿. "Global and Regional Agreements on Investment Incentives." Paper presented for the World Conference on Globalization and Regionalization of Trade and International Investment, Paris, 29-30 May 1996. mimeogr.

――, *and* Stephen Young. "European Union Policies and the Problems of Multinational Enterprises." *Journal of World Trade,* Vol. 29, No. 1 (1995), pp. 32-52.

――, *and* Carl J. Green, *jt. ed. International Investment Issues in the Asia and the Pacific Region and the Role of APEC.* Dobbs Ferry, N. Y.: Oceana, 1955.

著者（編者、編纂者その他）が不明のときまたは書名を先頭にすることが好ましいときは、書名で排列する。その際、英語の場合には最初の冠詞は無視して排列する。

人物、場所、事物などが同名の場合には、人物、場所、事物の順で排

列する。

　書名、雑誌名その他出版物にアンダーラインを引くか否かは、ビブではどちらでもよいとされている。もっとも、現在では、指導教員や出版者に渡す段階で立体にアンダーラインを付したものを提出することを求められるような場合を除けば、パソコン、ワープロでその個所をイタリック体（斜体）にするほうがよい。

Ⅵ　同一著者の文献を列挙する場合

VII　記述サンプル集

　記述方式統一の基本目的は、だれもが資料情報にアクセスできるようにさせることである。ここに示した引用方式は、ひとつの型にすぎない。したがって、べつの基本型で統一できるのであれば、ここに例示したものにこだわる必要はない。
　以下の引用例は、次のように分類してある。

- N－　　注（Note）
- B－　　括弧方式ないしビブの引用の元となるリスト
　　　　　（Bibliographical list）
- PR－　括弧方式（Parenthetical-reference）の引用
- RL－　括弧方式の引用の元となるレファレンス・リスト
　　　　　（Reference-list）
- RL/CR－　レファレンス・リストと相互参照（Cross-references）の組合せ
- PR/CR－　上記の括弧方式の引用と相互参照の組合せ

　以上の略号と分類規準は、シカゴ・マニュアルに拠った。

1　図　書

(1)　単　著

〈対象が1冊の場合〉

- N　　[1] 西川俊作『福沢諭吉の横顔』Keio UP 選書（東京：慶應義塾大学出版会，1998年），11-13頁.
- B　　西川俊作『福沢諭吉の横顔』Keio UP 選書．東京：慶應義塾大学出版会，1998年．
- PR　（西川　1998年，9-11頁）

RL	西川俊作. 1998年.『福沢諭吉の横顔』Keio UP 選書. 東京：慶應義塾大学出版会.
N	¹ Michael P. Malloy, *U. S. Economic Sanctions: Theory and Practice* (The Hague: Kluwer Law, 2002), pp. 12-34.
B	Malloy, Michael P. *U. S. Economic Sanctions: Theory and Practice.* The Hague: Kluwer Law, 2002.
PR	(Malloy 2002, pp. 12-34)
RL	Malloy, Michael P. 2002. *U. S. Economic Sanctions: Theory and Practice.* The Hague: Kluwer Law.
N	¹ Patrice de Moncan, *Guide littéraire des Passages de Paris* (Paris: Hermè, 1996), pp. 123-24.
B	Moncan, Patrice de. *Guide littéraire des Passages de Paris.* Paris: Hermè, 1996.
PR	(Moncan 1996, pp. 123-24)
RL	Moncan, Patrice de. 1996. *Guide littéraire des passages de Paris.* Paris: Hermè.

〈対象が 2 冊以上の場合〉

N	² 櫻井雅夫『カントリー・リスク』有斐閣選書（東京：有斐閣，1982年），12頁．
	....
	⁶ 櫻井雅夫『新国際投資法』（東京：有信堂，1993年），34-35頁．
	....
	¹⁰ 櫻井雅夫『国際機構法』（東京：第一法規出版，1993年），102-4頁．
B	櫻井雅夫『カントリー・リスク』東経選書．東京：有斐閣，1982年．
	──『国際投資法』三訂版．東京：有信堂，1993年．
	──『国際機構法』東京：第一法規出版，1993年．
PR	（櫻井　1982，12頁）
	（櫻井　1993a，34-35頁）
	（櫻井　1993b，102-4頁）
RL	櫻井雅夫．1982年．『カントリー・リスク』　東経選書．東京：有斐閣．
	＿＿．1993a．『国際投資法』三訂版．東京：有信堂．

────. 1993b. 『国際機構法』東京：第一法規出版.

N   ² UNCTAD. Division on Transnational Corporations and Investment, *Explaining and Forecasting Regional Flows of Foreign Direct Investment* (New York: United Nations, 1993), p. 45.

....

⁴ ────, *World Investment Report, 1994: Transnational Corporations, Employment and the Workplace* (Geneve: United Nations, 1994), p. 67.

....

¹⁰ ────, *International Investment Instruments: A Compendium* (Geneve: United Nations, 1996), p. 89.

¹¹ ────, *Incentives and Foreign Direct Investment* (Geneve: United Nations, 1996), p. 89.

B   UNCTAD. Division on Transnational Corporations and Investment. *Explaining and Forecasting Regional Flows of Foreign Direct Investment.* New York: United Nations, 1993. United Nations publications, Sales No.E.94.II.A.5.

────. *World Investment Report,* 1994*: Transnational Corporations, Employment and the Workplace.* Geneve: United Nations, 1994. United Nations publications, Sales No.E.94.II.A.14.

────. *International Investment Instruments: A Compendium.* Geneve: United Nations, 1996. 3v. United Nations publications, Sales No.E.96.II.A.12.

────. *Incentives and Foreign Direct Investment.* Geneve: United Nations, 1996. United Nations publications, Sales No. E.96.II.A.12.

PR   (UNCTAD 1993, p. 45)
(UNCTAD 1994, p. 67)
(UNCTAD 1996a, Vol. 1: p. 89)
(UNCTAD 1996b, p. 100)

RL   UNCTAD. Division on Transnational Corporations and Investment. 1993. *Explaining and forecasting regional flows*

　　　　　　of Foreign direct investment. New York: United Nations.
　　　　――. 1994. *World investment report, 1994: Transnational corporations, employment and the workplace.* Geneve: United Nations.
　　　　――. 1996a. *International Investment instruments: A compendium.* Geneve: United Nations.
　　　　――. 1996b. *Incentives and foreign direct investment.* Geneve: United Nations.

(2)　2人の共著

　　N　　　[2] 山岸健・山岸美穂『日常的世界の探求：風景/音風景/音楽/絵画/旅/社会学』（東京：慶應義塾大学出版会，1998年）45頁．

　　B　　　山岸健・山岸美穂 『日常的世界の探求：風景/音風景/音楽/絵画/旅/社会学』東京：慶應義塾大学出版会，1998年．

　　PR　　（山岸・山岸　1998年，45頁）

　　RL　　山岸健・山岸美穂．1998年．『日常的世界の探求：風景/音風景/絵画/旅/社会学』東京：慶應義塾大学出版会．

　　N　　　[3] Milton Katz, *and* King Brewster, *The Law of International Transactions and Relations* (New York: Foudation Press, 1960), p. 53.

　　B　　　Katz, Milton, *and* King Brewster. *The Law of International Transactions and Relations.* New York: Foundation Press, 1960.

　　PR　　(Katz *and* Brewster 1960, p. 53)

　　RL　　Katz, Milton, *and* King Brewster. 1960. *The law of international transactions and relations.* New York: Foundation Press.

(3)　3人の共著

　　N　　　[3] 国本伊代・畑恵子・細野昭雄『概説メキシコ史』（東京：有斐閣，1996年），177頁以下．

　　B　　　国本伊代・畑恵子・細野昭雄『概説メキシコ史』東京：有斐閣，1984年．

PR	(国本・畑・細野　1984年，177頁以下)
RL	国本伊代・畑恵子・細野昭雄．1984年．『概説メキシコ史』東京：有斐閣．
N	⁴　Ralph H. Folsom, Michael Wallace Gordon, *and* John A. Spanogle, Jr., *International Business Transactions: A Problem-oriented Coursebook* (St. Paul, Minn.: West Publishing Co., 1988), p.123.
B	Folsom, Ralph H., Michael Wallace Gordon, *and* John A. Spanogle, Jr. *International Business Transactions: A Problem-oriented Coursebook.* St. Paul, Minn.: West Publishing Co., 1988.
PR	(Folsom, Gordon *and* Spanogle 1988, p. 123)
RL	Folsom, Ralph H., Michael Wallace Gordon, *and* John A. Spanogle, Jr. 1988. *International business transactions: A problem-oriented coursebook.* St. Paul, Minn.: West Publishing Co.

(4) 4人以上の共著

N	⁴　衛藤瀋吉ほか『国際関係論』2版（東京：東京大学出版会，1989年），180-218頁．
B	衛藤瀋吉ほか『国際関係論』2版．東京：東京大学出版会，1989年．
PR	(衛藤ほか　1989年，180-218頁)
RL	衛藤瀋吉ほか．1989年．『国際関係論』2版．東京：東京大学出版会．
N	⁵　Louis Henkin, *and others, International Law.* 3d ed. (St. Paul, Minn.: West Publishing Co., 1993), p. 234.
B	Henkin, Louis, *and others. International Law.* 3d ed. St. Paul, Minn.: West Publishing Co., 1993.
PR	(Henkin *and others* 1993, p.234)
RL	Henkin, Louis, *and others*. 1993. *International law.* 3d ed. St. Paul, Minn.: West Publishing Co.

(5) 著者不明（出版年も不明）

N	⁵　『ASEAN産業高度化に向けた展望と課題』(東京：通商産業省

	[1995年］)，12-13頁．
B	『ASEAN 産業高度化に向けた展望と課題』(東京：通商産業省[1995年］)
PR	(ASEAN 産業高度化に向けた展望と課題』［1995年］.
RL	『ASEAN 産業高度化に向けた展望と課題』［1995年］．東京：通商産業省．
N	⁶ *The Lottery* (London: J. Watts [1732])，pp.12-34.
B	*The Lottery.* London: J. Watts [1732].
PR	(*The lottery* [1732], pp. 12-34)
RL	*The lottery.* [1732]. London: J. Watts.

(6) 著者に相当する団体など

N	⁶ 国際貿易投資研究所『多数国間投資協定に関する調査研究』(東京：国際貿易投資研究所，1997年)，38頁．
B	国際貿易投資研究所『多数国間投資協定に関する調査研究』東京：国際貿易投資研究所，1997年．
PR	(国際貿易投資研究所　1997年，38頁)
RL	国際貿易投資研究所．1997年．『多数国間投資協定に関する調査研究』東京：国際貿易投資研究所．
N	⁷ American Law Institute, *Restatement of the Law (Second): Foreign Relations Law of the United States,* adopted and promulgated by the American Law Institute (St. Paul, Minn.: American Law Institute Publishers, 1965), p. 524.
B	American Law Institute. *Restatement of the Law (Second): Foreign Relations Law of the United States.* Adopted and promulgated by the American Law Institute. St. Paul, Minn.: American Law Institute Publishers, 1965.
PR	(American Law Institute 1965, p. 524)
RL	American Law Institute. 1965. *Restatement of the law (second): Foreign relations law of the United States.* Adopted and promulgated by the American Law Institute. St. Paul, Minn.: American Law Institute Publishers.

(7) 著者に相当する編者または編纂者

- N　　　[7] 霜野寿亮・関根政美・有末賢編『社会学入門』（東京：弘文堂，1996年），123-24頁．
- B　　霜野寿亮・関根政美・有末賢編『社会学入門』東京：弘文堂，1996年．
- PR　　（霜野・関根・有末　1996年，123-24頁）
- RL　　霜野寿亮・関根政美・有末賢編．1996年．『社会学入門』東京：弘文堂．
- N　　　[8] Dennis Campbell, *ed.*, *Legal Aspects of Doing Business in Western Europe,* International business series (Deventer: Kluwer Law and Taxation Publishers, 1983), pp. 123-24.
- B　　Campbell, Dennis, *ed. Legal Aspects of Doing Business in Western Europe.* International business series. Deventer: Kluwer Law and Taxation Publishers, 1983.
- PR　　(Campbell 1983, pp. 123-24)
- RL　　Campbell, Dennis, *ed*. 1983. *Legal aspects of doing business in Western Europe.* International business series. Deventer: Kluwer Law and Taxation Publishers.

(8) べつの著者が翻訳した著書

- N　　　[8] Albert Guérard『世界文学序説』（中野好夫訳）（東京：筑摩書房，1974年），389頁．（原書名：*Preface to World Literature.* New York: Holt and Company, 1940）
- B　　Guérard, Albert『世界文学序説』（中野好夫訳）東京：筑摩書房，1974年．（原書名：*Preface to world literature.* New York: Holt and Company, 1940）
- PR　　（Guérard　1974年，389頁）
- RL　　Guérard, Albert. 1974年．『世界文学序説』（中野好夫訳）東京：筑摩書房．（原書名：*Preface to world literature.* New York: Holt and Company, 1940）
- N　　　[9] Carlos Calvo, *The Calvo Clause*, trans. by Donald Shea (Minneapolis, Minn.: University of Minnesota Press, 1955), pp. 17-23.

B	Calvo, Carlos. *The Calvo Clause*. Translated by Donald Shea. Minneapolis, Minn.: University of Minnesota Press, 1955.
PR	(Calvo 1955, pp. 17-23)
RL	Calvo, Carlos. 1955. *The Calvo clause*. Translated by Donald Shea. Minneapolis, Minn.: University of Minnesota Press.

(9) 著作集の著書

N	[9] 天野貞祐『天野貞祐全集』第5巻 教育論（東京：栗田出版会，1970）特に「新しい大学のビジョン」，68-110頁．
B	天野貞祐『天野貞祐全集』第5巻 教育論．東京：栗田出版会，1970年．特に「新しい大学のビジョン」．
PR	(天野 1970年，5巻 68-110頁)
RL	天野貞祐．1970年．『天野貞祐全集』第5巻 教育論．東京：栗田出版会．特に「新しい大学のビジョン」．
N	[10] *The Complete Works of Samuel Taylor Coleridge,* ed. W. G. T. Shedd, vol. 1, Aids to Reflection（New York: Harper & Bros., 1884), p. 18.
B	Coleridge, Samuel Taylor. *The Completed Works of Samuel Taylor Coleridge*. Edited by W. G. T. Shedd. Vol. 1, Aids to Reflection. New York: Harper & Bros., 1884.
PR	(Coleridge 1884, Vol. 1, p.18)
RL	Coleridge, Samuel Taylor. 1884. *The complete works of Samuel Taylor Coleridge*. Edited by W. G. T. Shedd. Vol. 1, Aids to reflection. New York: Harper & Bros.

(10) 総合のタイトルと編者による多数巻のなかで個々のタイトルをもつ巻

N	[10] 山田辰雄・渡辺利夫監修『講座現代アジア』第4巻 地域システムと国際関係（平野健一郎編）（東京：東京大学出版会，1994年），123頁．
B	山田辰雄・渡辺利夫監修『講座現代アジア』第4巻 地域システムと国際関係（平野健一郎編）東京：東京大学出版会，1994年．
PR	(山田・渡辺監修　第4巻 123頁)

RL	山田辰雄・渡辺利夫監修．1994年．『講座現代アジア』第4巻 地域システムと国際関係（平野健一郎編）東京：東京大学出版会．
N	[10] Gordon N. Ray, *ed., An Introduction to Literature* (Boston: Houghton Mifflin Co., 1959), vol. 2, The Nature of Drama, by Hubert Hefner, pp. 56-78.
B	Ray, Gordon N., *ed. An Introduction to Literature.* Vol. 2, The Nature of Drama, by Hubert Hefner. Boston: Houghton Mifflin Co., 1959.
PR	(Ray 1959, Vol. 2, pp. 56-78)
PR/CR	(Ray 1959, 56-78)
RL	Ray, Gordon N., *ed.* 1959. *An introduction to literature.* Vol. 2, *The nature of drama*, by Hubert Hefner. Boston: Houghton Mifflin Co.
RL/CR	Hefner, Hubert. 1959. *See* Ray, Gordon N., *ed.* 1959

(11) 総合のタイトルと1人の著者による多数巻のなかで個々のタイトルをもつ巻

N	[11] 我妻榮『民法研究』第8巻 憲法と私法（東京：有斐閣，1970年），427頁．
B	我妻榮『民法研究』第8巻 憲法と私法．東京：有斐閣，1970年．
PR	（我妻 1970年，第8巻 427頁）
RL	我妻榮．1970年．『民法研究』第8巻 憲法と私法．東京：有斐閣．
N	[11] Sewall Wright, *Evolution and the Genetics of Populations,* vol. 4. Variablility within and among Natural Populations (Chicago: University of Chicago Press, 1978), p. 90.
B	Wright, Sewall. *Evolution and the Genetics of Populations.* Vol. 4, Variability within and among Natural Populations. Chicago: University of Chicago Press, 1978.
PR	(Wright 1978, Vol. 4, p. 90)
RL	Wright, Sewall. 1978. *Evolution and the genetics of populations.* Vol. 4, *Variability within among natural populations.*

Chicago: University of Chicago Press.

(12) シリーズ（双書）のなかの著書

N　　　¹² 松枝茂夫編『中国名詩選』岩波文庫 770（東京：岩波書店, 1984年），中巻，123頁.

B　　　松枝茂夫編『中国名詩選』岩波文庫 770. 東京：岩波書店, 1984年. 中巻.

PR　　（松枝編　1984年，中巻123頁）

RL　　松枝茂夫編. 1984年. 『中国名詩選』岩波文庫 770. 東京：岩波書店.

N　　　¹² Tony Khindria, *Foreign Direct Investment in India.* Foreign Investment in Asia Series (London: Sweet & Maxwell, 1997), p. 123.

B　　　Khindria, Tony. *Foreign Direct Investment in India.* oreign Investment in Asia Series. London: Sweet & Mexwell, 1997.

PR　　（Khindria 1992, p. 123）

RL　　Khindria, Tony. 1997. *Foreign direct investment in India.* Foreign Investment in Asia Series. London: Sweet & Maxwell.

(13) 編者がいるシリーズ（双書）のなかの著書

N　　　¹² 斎藤孝ほか『第一次世界大戦』荒松雄ほか編『岩波講座世界歴史 24, 現代；1』（東京：岩波書店, 1970年），123頁.

B　　　斎藤孝ほか『第一次世界大戦』荒松雄ほか編『岩波講座世界歴史 24, 現代；1』東京：岩波書店, 1970年.

PR　　（斎藤ほか　1970年，123頁）

RL　　斎藤孝ほか．1970年．『第一次世界大戦』荒松雄ほか編『岩波講座世界歴史 24, 現代；1』東京：岩波書店.

N　　　¹³ Norbert Horn, *ed., Legal Problems of Codes of Conduct for Multinational Enterprises.* Studies in Transnational Economic Law, ed. Norbert Horn, Clive M. Schmitthoff and Richard B. Buxbaum, vol. 1 (Deventer: Kluwer B. V., 1980), p. 123.

B	Horn, Norbert, *ed.*, *Legal Problems of Codes of Conduct for Multinational Enterprises*. Studies in Transnational Economic Law, ed. Norbert Horn, Clive M. Schmitthoff and Richard B. Buxbaum, vol.1. Deventer: Kluwer B. V., 1980.
PR	(Horn 1980, p. 123)
RL	Horn, Norbert, *ed.* 1980. *Legal problems of codes of conduct for multinational enterprises*. Studies in Transnational Economic Law, ed. Norbert Horn, Clive M. Schmitthoff and Richard B. Buxbaum, vol. 1. Deventer: Kluwer B. V.

(14) ペーパーバック・シリーズ

N	[14]『千一夜物語』(豊島与志雄ほか訳)(東京：岩波書店, 1983年：岩波文庫 赤版 780-1〜781-2, 1988年)(アラビア語の原文からの次のフランス語訳版使用：*Le Livre des mille nuits et une nuit,* par le Dr. J. C. Mardrus), 第1巻 214頁.
B	『千一夜物語』(豊島与志雄ほか訳) 東京：岩波書店, 1983年：岩波文庫 赤版 780-1〜781-2, 1988年. (アラビア語の原文からの次のフランス語版使用：*Le Livre des mille nuits et une nuit,* par le Dr. J. C. Mardrus)
PR	(千一夜物語 1983年, 第1巻 214頁)
RL	『千一夜物語』 1983年. (豊島与志雄ほか訳)東京：岩波書店. (アラビア語の原文からの次のフランス語版使用：*Le Livre des mille nuits et une nuit,* par le Dr. J. C. Mardrus)
N	[14] Ralph H. Folsom, Michael Wallace Gordon, *and* John A. Spanogle, Jr., *International Business Transactions*. 4th ed. (St. Paul, Minn.: West Publishing Co., 1992; West Nutshell Series, 1992), p. 383.
B	Folsom, Ralph H., Michael Wallace Gordon, *and* John A. Spanogle, Jr., *International Business Transactions*. 4th ed. St. Paul, Minn.: West Publishing Co., 1992; West Nutshell Series, 1992.
PR	(Folsom, Gordon *and* Spanogle 1992, p. 383)
RL	Folsom, Ralph H., Michael Wallace Gordon, *and* John A.

Spanogle, Jr. 1992. *International business transactions.* 4th ed. St. Paul, Minn.: West Publishing Co., West Nutshell Series.

(15) タイトルのなかのタイトル

N　　[15] 川本三郎『荷風と東京：『斷腸亭日乘』私註』（東京：都市出版，1996年），197-208頁．

B　　川本三郎『荷風と東京：『斷腸亭日乘』私註』東京：都市出版，1996年．

PR　　(川本三郎　1996年，197-208頁)

RL　　川本三郎．1996年．『荷風と東京：『斷腸亭日乘』私註』東京：都市出版．

N　　[15] Allen Forte, *The Harmonic Organization of "The Rite of Spring."* (New Haven, Conn.: Yale University Press, 1978), p. 50.

B　　Forte, Allen. *The Harmonic Organization of "The Rite of Spring."* (New Haven, Conn.: Yale University Press, 1978).

PR　　(Forte 1978, p. 50)

RL　　Forte, Allen. 1978. *The harmonic organization of "The rite of spring."* New Haven, Conn.: Yale University Press.

(16) 復刻版

N　　[16] 田中耕太郎『世界法の理論』（東京：岩波書店．1932-34年；復刻版，東京：春秋社，1954年），13-14頁(頁づけは復刻版による)．

B　　田中耕太郎『世界法の理論』東京：岩波書店，1932-34年；復刻版，東京：春秋社，1954年．

PR　　(田中　1954年，13-14頁)

RL　　田中耕太郎．1954年．『世界法の理論』東京：岩波書店，1932-34年；復刻版，東京：春秋社．(頁づけは復刻版による)．

N　　[16] John R. Commons, *Legal Foundation of Capitalism* (New York: Macmillan Company, 1924; reprint, Madison, Wis.: The University of Wisconsin Press, 1959), pp. 143-45 (page references are to reprint edition).

B	Commons, John R., *Legal Foundation of Capitalism.* New York: Macmillan Company, 1924; reprint, Madison, Wis.: The University of Wisconsin Press, 1959.
PR	(Commons 1959, pp. 143-45)
RL	Commons, John R. 1959. *Legal foundation of capitalism.* New York: Macmillan Company, 1924; reprint, Madison, Wis.: The University of Wisconsin. (page references are to reprint edition).

(17) 著者名のある序文つきの図書

N	¹⁷『国際経済法の諸問題 続巻』序文；大平善梧．（東京：日本国際問題研究所，1962年），12頁．
B	『国際経済法の諸問題 続巻』序文；大平善梧．東京：日本国際問題研究所，1962年．
PR	（国際経済法の諸問題 続巻 1962年，12頁）
RL	『国際経済法の諸問題 続巻』1962年．序文；大平善梧．東京：日本国際問題研究所．
N	¹⁷ Dag Hammarskjöld, *Markings,* with a Foreword by W. H. Auden (New York: Alfred A. Knopf, 1964), p. 10.
B	Hammarskjöld, Dag. *Markings.* With a Foreword by W. H. Auden. New York: Alfred A. Knopf, 1964.
PR	(Hammarskjold 1964, p. 10.)
RL	Hammarskjöld, Dag. 1964. *Markings.* With a Foreword by W. H. Auden. New York: Alfred A. Knopf.

(18) 英語以外の図書に英語を補足するもの

N	¹⁸ Eugen Langen, *Studien zum internationalen Wirtschaftsrecht.* [Studies on International Economic Law] (Munich: C. H. Beck'sche Verlagsbuchhandlung, 1963), p.144.
B	Langen, Eugen. *Studien zum internationalen Wirtschaftsrecht.* [Studies on International Economic Law] (Munich: C. H. Beck'sche Verlagsbuchhandlung, 1963.
PR	(Langen 1963, p. 144)

RL　　Langen, Eugen. 1963. *Studien zum internatonalen Wirtschafts-recht.* [Studies on international economic law] Munich: C. H. Beck'sche Verlagsbuchhandlung.

(19) 和書に英語を補足するもの

N　　[19] 櫻井雅夫『開発協力：その仕組みと法』[*Kaihatsu-kyoryoku: Sono shikumi to ho.* Development co-operation: Its framework and law]（東京：国際経済法センター，2000年），84頁．

B　　櫻井雅夫『開発協力：その仕組みと法』[*Kaihatsu-kyoryoku: Sono shikumi to ho.* Development co-operation: Its framework and law] 東京：国際経済法センター，2000年．

PR　　（櫻井　2000年，84頁）

RL　　櫻井雅夫．2000年．『開発協力：その仕組みと法』[*Kaihatsu-kyoryoku*：*Sono shikumi to ho.* Development co-operation: Its framework and law] 東京：国際経済法センター．

(20) べつの著者の著作の一部分

N　　[20] 宇佐見滋「パクス・アメリカーナの挫折」有賀貞・宮里政玄編『概説アメリカ外交史』有斐閣選書 108（東京：有斐閣，1983年），150頁．

B　　宇佐見滋「パクス・アメリカーナの挫折」有賀貞・宮里政玄編『概説アメリカ外交史』有斐閣選書 108．東京：有斐閣，1983年．

PR　　（宇佐見　1983年，150頁）

RL　　宇佐見滋．1983年．「パクス・アメリカーナの挫折」有賀貞・宮里政玄編『概説アメリカ外交史』有斐閣選書 108．東京：有斐閣．

N　　[20] Gerald Tan. "ASEAN Preferential Trading Arrangements: An Overview." In *ASEAN at the Crossroad,* ed. Noordin Sopiee, Chew Lay See *and* Siang Jin (Kuala Lumpur: ISIS, 1987), p. 65.

B　　Tan, Gerald. "ASEAN Preferential Trading Arrangements." In *ASEAN at the Crossroad,* ed. Noordin Sopiee, Chew Lay See *and* Siang Jin, pp.63–70. Kuala Lumpur: ISIS, 1987.

PR　　(Tan 1987, p. 65)

RL	Tan, Gerald. 1987. ASEAN preferential trading arrangements. In *ASEAN at the crossroad.* ed. Noordin Sopiee, Chew Lay See *and* Siang Jin.

(21) 1人の著者の著作の一部分

N	[21] 櫻井雅夫「NAFTA諸国における貿易・投資の自由化」同『国際経済法』新版．現代法律学体系．第15章．（東京：成文堂，1997年），471頁．
B	櫻井雅夫「NAFTA諸国における貿易・投資の自由化」同『国際経済法』新版．現代法律学体系．第15章．東京：成文堂，1997年．
PR	（櫻井　1997年，471頁）
RL	櫻井雅夫．1997年．「NAFTAにおける貿易・投資の自由化」同『国際経済法』新版．現代法律学体系．第15章．東京：成文堂．
N	[21] Neill Nugent, "EU Law and the Court of Justice," Chap. 8 in *The Government and Politics of the European Union.* 3d ed. (Durham, N.C.: Duke University Press, 1994), p. 218.
B	Nugent, Neill. "EU Law and the Court of Justice." Chap. 8 in *The Government and Politics of the European Union.* 3d ed. Durham, N.C.: Duke University Press, 1994.
PR	(Nugent 1994, p. 218)
RL	Nugent, Neill. 1994. EU law and the Court of Justice. Chap. 8 in *The government and politics of the European Union.* 3d ed. Durham, N.C.: Duke University Press.

(22) 会議提出ペーパー（公刊）

N	[22] Masao Sakurai, "Japan's Foreign Investment in Southeast Asia: Facts and Legal Problems," in *Investment Issues in Asia and the Pacific Lim.* Symposium Held at Georgetown University in Washington, D.C, October 31-November 3, 1994, ed. Carl J. Green and Thomas L. Brewer (New York: Oceana Publications, Inc., 1995), pp. 65-88.
B	Sakurai, Masao. "Japan's Foreign Investment in Southeast Asia: Facts and Legal Problems." In *Investment Issues in*

　　　　　　　 Asia and the Pacific Lim. Symposium Held at Georgetown University in Washington, D.C., October 31-November 3, 1994, ed. Carl J. Green and Thomas L. Brewer. New York: Oceana Publications, Inc., 1995.
　　PR　　 (Sakurai 1995, pp. 65-88)
　　RL　　 Sakurai, Masao. 1995. Japan's foreign investment in Southeast Asia: Facts and legal problems. In *Investment issues in Asia and the Pacific lim.* Symposium Held at Georgetown University in Washington, D.C., October 31-November 3, 1994, ed. Carl J. Green and Thomas L. Brewer. New York: Oceana Publications, Inc., 1995.

(23) 年鑑・年報

　　N　　 [23] 防衛年鑑刊行会編『防衛年鑑, 2002』(東京：防衛年鑑刊行会, 2002), 7-39頁.
　　B　　 防衛年鑑刊行会編『防衛年鑑, 2002』東京：防衛年鑑刊行会, 2002年.
　　PR　　 (防衛年鑑刊行会　2002年, 7-39頁)
　　RL　　 防衛年鑑刊行会編. 2002.『防衛年鑑, 2002』東京：防衛年鑑刊行会.
　　N　　 [23] 日本. 経済産業省. 通商政策局編『不公正貿易報告書, 2001：WTO協定から見た主要国の貿易政策：産業構造審議会レポート』(東京：経済産業調査会, 2001年), 341頁.
　　B　　 日本. 経済産業省. 通商政策局編『不公正貿易報告書, 2001：WTO協定から見た主要国の貿易政策：産業構造審議会レポート』東京：経済産業調査会, 2001年.
　　PR　　 (日本. 経済産業省. 通商政策局編　2001年, 341頁)
　　RL　　 日本. 経済産業省. 通商政策局編. 2001.『不公正貿易報告書, 2001：WTO協定から見た主要国の貿易政策：産業構造審議会レポート』東京：経済産業調査会.
　　N　　 [23] Union of International Associations, *Yearbook of International Organizations: Guide to Global and Civil Society Networks, 2002/2003* (Munich: K. G. Saur, 2002), Vol. 1B, pp.

12372-84.

B　　Union of International Associations. *Yearbook of International Organizations: Guide to Global and Civil Society Networks, 2002/2003*. Munich: K. G. Saur, 2002.

PR　　(Union of International Associations Vol. 1B, pp. 12372-84)

RL　　Union of International Associations. 2002. *Yearbook of international organizations: Guide to global and civil society networks, 2002/2003*. Munich: K. G. Saur.

N　　[23] U. S. Dept. of Agriculture. *Will There Be Enough Food? The 1981 Yearbook of Agriculture* (Washington, D.C.: Government Printing Office, 1981), p.250.

B　　U. S. Dept. of Agriculture. *Will There Be Enough Food? The 1981 Yearbook of Agriculture*. Washington, D.C.: Government Printing Office, 1981.

PR　　(U. S. Dept. of Agriculture 1981, p. 250)

RL　　U. S. Dept. of Agriculture. 1981. *Will there be enough food? The 1981 yearbook of agriculture*. Washington, D.C.: Government Printing Office.

2　学術雑誌・専門誌

N　　[1] 櫻井雅夫「NAFTAとFTAA協定の議会承認過程：アメリカにおける条約と行政協定」『国際商事法務』30巻6号（通巻479号），2002年6月，766-71頁．

B　　櫻井雅夫「NAFTAとFTAA協定の議会承認過程：アメリカにおける条約と行政協定」『国際商事法務』30巻6号（通巻479号），2002年6月，766-71頁．

PR　　(櫻井　2002年，766-71頁)

RL　　櫻井雅夫．2002．「NAFTAとFTAA協定の議会承認過程：アメリカにおける条約と行政協定」『国際商事法務』30巻6号．

N　　[24] Christian Bjørnskov, *and* Kim Martin Lind, "Where Do Developing Countries Go after Doha? : An Analysis of WTO

     Positions and Potential Alliances," *Journal of World Trade,* Vol. 36, No. 3, June 2002, p. 416-18.

B Bjørnskov, Christian, *and* Kim Martin Lind, "Where Do Developing Countries Go after Doha? : An Analysis of WTO Positions and Potential Alliances." *Journal of World Trade,* Vol. 36, No. 3, June 2002, p. 416-18.

PR (Bjørnskov *and* Lind 2002, p. 416-18)

RL Bjørnskov, Christian, *and* Kim Martin Lind. 2002. Where do developing countries go after Doha? : An analysis of WTO positions and potential alliances. *Journal of World Trade,* Vol. 36, No. 3, June.

3　百科事典の項目

(1) 署名入りの項目

N [1] 『ブリタニカ国際大百科事典』2版（東京：ティビーエス・ブリタニカ，1994年）「音楽」（海老沢敏）．

B 『ブリタニカ国際大百科事典』2版．東京：ティビーエス・ブリタニカ，1994年．「音楽」（海老沢敏）．

PR （ブリタニカ国際大百科事典　1994年）

RL 『ブリタニカ国際大百科事典』2版．1994．東京：ティビーエス・ブリタニカ．「音楽」（海老沢敏）

N [1] Dagobert D. Runes, *and* Harry G. Schrickel, *eds.* Encyclopedia of the Arts (New York: Philosophical Library, 1946), s. v. "African Negro Art," by James A. Porter.

B Runes, Dagobert D., *and* Harry G. Schrickel, *eds. Encyclopedia of the Arts.* New York: Philosophical Library, 1946. S. v. "African Negro Art," by James A. Porter.

PR (Runes *and* Schrickel 1946)

RL Runes, Dagobert D., *and* Harry G. Schrickel, *eds.* 1946. *Encyclopedia of the arts.* New York: Philosophical Library, S.v. "African Negro Art," by James A. Porter.

(2) 無署名の項目

- N   [1] 『日本大百科全書』2版（東京：小学館，1985年）「海洋」．
- B   『日本大百科全書』2版．東京：小学館，1985年．「海洋」．
- PR   （日本大百科全書　1985年）
- RL   『日本大百科全書』1985年．東京：小学館．「海洋」．
- N   [2] *Encyclopedia Americana,* 1975 ed., s.v. "Sumatra."
- B   *Encyclopedia Americana,* 1975 ed. S.v. "Sumatra."
- PR   (*Encyclopedia Americana* 1975)
- RL   *Encyclopedia Americana,* 1975 ed. S.v. "Sumatra."

4　新聞記事

- N   [1] 『日本経済新聞』（夕）1998年1月16日．
- N   [2] 櫻井雅夫「ODA新たな視点：投資・貿易との結びつきを（経済教室）」『日本経済新聞』1997年7月3日，31頁．
- B   櫻井雅夫「ODA新たな視点：投資・貿易との結びつきを（経済教室）」『日本経済新聞』1997年7月3日，31頁．
- PR   （櫻井　1997年，31頁）
- RL   櫻井雅夫．1997年．「ODA新たな視点：投資・貿易との結びつきを（経済教室）」『日本経済新聞』7月3日．
- N   [3] *Wall Street Journal,* 16 January 1998.
- N   [4] Jack Anderson, "Memos Bare ITT Try for the Chile Coup," *Washington Post,* 21 March 1972, p.B13.
- B   Anderson, Jack. 1972. Memos Bare ITT Try for the Chile Coup. *Washington Post,* 21 March, B13. Anderson, Jack. 1972. "Memos bare ITT Try for the Chile Coup." *Washington Post,* 21 March, p.B13.
- PR   (Anderson 1972, p.B13) または (Anderson 1972, B13)
- RL   Anderson, Jack. 1972. Memos bare ITT try for the Chile coup. *Washington Post,* 21 March.

5　書評

〈評者の署名がない場合〉

- N　　¹　「書評『小林秀雄―批評という方法』(樫原修)」『週刊朝日』2002年11月22日，129頁．
- B　　「書評『小林秀雄―批評という方法』(樫原修)」『週刊朝日』2002年11月22日，129頁．
- PR　　(書評『小林秀雄』2002年，129頁)
- RL　　「書評『小林秀雄―批評という方法』(樫原修)」2002年．『週刊朝日』11月22日．

〈評者の署名がある場合〉

- N　　²　櫻井雅夫「書評『国際商品協定』(千葉泰雄)」『エコノミスト』55巻51号 (1967年11月29日)，88-89頁．
- B　　櫻井雅夫「書評『国際商品協定』(千葉泰雄)」『エコノミスト』55巻51号 (1967年11月29日)，88-89頁．
- PR　　(櫻井　1967年，88-89頁)
- RL　　櫻井雅夫．1967．「書評『国際商品協定』(千葉泰雄)」『エコノミスト』55巻51号 (11月29日)．
- N　　³　櫻井雅夫「書評 *The Law of the Americas: An Introduction to the Legal System of the American Republics,* by Henry P. de Vries and José Rodriguez-Novás」『アジア経済』8巻2号 (1967年2月)，78-81頁．
- B　　櫻井雅夫「書評 *The Law of the Americas: An Introduction to the Legal System of the American Republics,* by Henry P. de Vries and José Rodriguez-Novás」『アジア経済』8巻2号 (1967年2月)，78-81頁．
- PR　　(櫻井　1967年，78-81頁)
- RL　　櫻井雅夫．1967．「書評 *The Law of the Americas: An Introduction to the legal system of the American republics,* by Henry P. de Vries and José Rodriguez-Novás」『アジア経済』8巻2号 (2月)．
- N　　⁴　Junji Nakagawa, Review of *Toward a North American*

   Community: Lessons from the Old World for the New, by Robert A. Pastor, In *Journal of World Trade,* Vol. 36, No. 3 (June 2002), p. 593.

B Nakagawa, Junji. Review of *Toward a North American Community: Lessons from the Old World for the New,* by Robert A. Pastor. In *Journal of World Trade,* Vol. 36, No. 3 (June 2002), pp. 593-95.

PR (Nakagawa 2002, pp. 593-95)

RL Nakagawa, Junji. 2002. Review of *Toward a North American Community: Lessons from the Old World for the New,* by Robert A. Pastor. In *Journal of World Trade,* Vol. 36, No.3 (June).

6 書簡・インタビュー（非刊行）

N [1] Benjamin Spock, Interview by Milton J. E. Senn, 20 November 1974, interview 67A, transcript, Senn Oral History Collection, National Library of Medicine, Bethesda, Md.

B Spock, Benjamin. Interview by Milton J. E. Senn, 20 November 1974. Interview 67A, transcript. Senn Oral History Collection, National Library of Medicine, Bethesda, Md.

PR (Spock 1974)

RL Spock, Benjamin. 1974. Interview by Milton J. E. Senn, 20 November. Interview 67A, transcript. Senn Oral History Collection, National Library of Medicine, Bethesda, Md.

7 学位論文

N [1] 大森正仁「国際責任の履行における賠償について」（学位論文［法学博士］－慶應義塾大学，2002年），12-34頁．

B 大森正仁「国際責任の履行における賠償について」（学位論文［法学博士］－慶應義塾大学，2002年）．

PR	（大森正仁　2002年，12-34頁）
RL	大森正仁．2002年．「国際責任の履行における賠償について」(学位論文［法学博士］－慶應義塾大学)
N	² Gilberto Artioli, "Structural Studies of the Water Molecules and Hydrogen Bonding in Zeolites" (Ph.D. diss., University of Chicago, 1985), 10.
B	Artioli, Gilberto. "Structural Studies of the Water Molecules and Hydrogen Bonding in Zeolites." Ph.D. diss., University of Chicago, 1985.
PR	(Artioli 1985, p. 10)
RL	Artioli, Gilberto. 1985. Structural studies of the water molecules and hydrogen bonding in zeolites. Ph.D. diss., University of Chicago.

8　議会・政府刊行物

N	¹ 日本．衆議院．憲法調査会『衆議院ロシア等欧州及びイスラエル憲法調査団報告書』(東京：衆議院憲法調査会事務局，2001年)，13-84頁．
B	日本．衆議院．憲法調査会『衆議院ロシア等欧州及びイスラエル憲法調査団報告書』東京：衆議院憲法調査会，2001年．
PR	（日本．衆議院　2001年，13-84頁）
RL	日本．衆議院．2001年．『衆議院ロシア等欧州及びイスラエル憲法調査団報告書』東京：衆議院憲法調査会．
N	² 日本．経済産業省『通商白書，2002』(東京：ぎょうせい，2002年)，120頁．
B	日本．経済産業省『通商白書，2002』東京：ぎょうせい，2002年．
PR	（日本．経済産業省　2002年，60頁）
RL	日本．経済産業省．2002年．『通商白書，2002』東京：ぎょうせい．
N	³ U. S. House of Representatives. Committee on Ways and Means, *Trade Legislation Enacted into Public Law 1981 Through 1988* (Washington, D.C.: Government Printing Office, 1989), p. 221.

B	U. S. House of Representatives. Committee on Ways and Means, *Trade Legislation Enacted into Public Law 1981 Through 1988*. Washington, D.C.: Government Printing Office, 1989.
PR	(U. S. House of Representatives. Committee on Ways and Means 1989, p. 221)
RL	U. S. House of Representatives. Committee on Ways and Means. 1989. *Trade legislation enacted into public law 1981 through 1988*. Washington, D.C.: Government Printing Office.
N	[4] U. S. Department of Commerce. International Trade Administration, *International Direct Investment: Global Trade and the U. S. Role* (Washington, D.C.: Government Printing Office, 1984). pp. 29-30.
B	U. S. Department of Commerce. International Trade Administration, *International Direct Investment: Global Trade and the U. S. Role*. Washington, D.C.: Government Printing Office, 1984.
PR	(U. S. Department of Commerce 1984, p. 29-30)
RL	U. S. Department of Commerce. International Trade Administration. 1984. *International direct investment: Global trade and the U. S. role*. Washington, D.C.: Government Printing Office.

9 国際機関刊行物

N	[1] United Nations. Dept. of International Economic&Social Affairs, *U. N. Model Double Taxation Convention between Developed and Developing Countries* (New York: United Nations, 1977), p. 243.
B	United Nations. Dept. of International Economic & Social Affairs. *U. N. Model Double Taxation Convention between*

	Developed and Developing Countries. New York: United Nations, 1977. United Nations Document No. ST/ESA/102. United Nations publications, Sales No.E.80.XVI.3 (1980).
PR	(United Nations. Dept. of International Affairs 1980, p.243)
RL	United Nations. Dept. of International Economic & Social Affairs. 1980. *U. N. Model Double Taxation Convention between Developed and Developing Countries.* New York: United Nations, 1977. United Nations Document No.ST/ESA/102. United Nations Publications, Sales No.E.80.XVI.3.
N	² United Nations Conference on Trade and Development, International *Investment Instruments: A Compendium* (New York and Geneve, United Nations, 1996), Vol. 3, p. 3-13.
B	United Nations Conference on Trade and Development. *International Investment Instruments: A Compendium.* New York and Geneve: United Nations, 1996. 3 v. United Nations Document No.UNCTAD/DTCI/30.Vol.I-III; United Nations publications, Sales No.E.96.II.A.9.
PR	(United Nations Conference on Trade and Development 1996, Vol. 3, pp. 3-13) または (UNCTAD 1996: 3: 3-13)
RL	United Nations Conference on Trade and Development. *International investment instruments: A compendium.* New York and Geneve, United Nations, 1996. 3 v. United Nations Document No.UNCTAD/DTCI/30.Vol.I-III; United Nations publications, Sales No.E.96.II.A.9.
N	³ Masao Sakurai, *Review of Laws and Practices Governing Foreign Investment in Developing Countries of the Region and Measures to Improve the Investment Climate in Them* (Bangkok: UNECAFE, 15 June 1970), pp. 770-73.
B	Sakurai, Masao. *Review of Laws and Practices Governing Foreign Investment in Developing Countries of the Region and Measures to Improve the Investment Climate in Them.* Bangkok: UNECAFE, 15 June 1970. United Nations Document No.E/CN.11/I&NR/Ind.Conf./L.18.

PR (Sakurai 1970, pp. 770-73)

RL Sakurai, Masao. 1970. *Review of laws and practices governing foreign investment in developing countries of the region and measures to improve the investment climate in them.* Bangkok: UNECAFE, 15 June. United Nations Document No.E/CN.11/I&NR/Ind.Conf./L.18.

N [4] Organisation for Economic Co-operation and Development, *Foreign Direct Investment: OECD Countries and Dynamic Economies of Asia and Latin America* (Paris: OECD, 1995), p. 32.

B Organisation for Economic Co-operation and Development. *Foreign Direct Investment: OECD Countries and Dynamic Economies of Asia and Latin America.* Paris: OECD, 1995.

PR (Organisation for Economic Co-operation and Development 1995, p. 32)

RL Organisation for Economic Co-operation and Development. 1965. Foreign direct investment: OECD countries and dynamic economies of Asia and Latin America. Paris: OECD.

N [5] Organisation for Economic Co-operation and Development. Directorate for Financial, Fiscal and Enterprise Affairs. Negotiating Group on the MAI (Multilateral Agreement on Investment), *Multilateral Agreement on Investment: Consolidated Text and Commentary* (Paris: OECD, 1997), p. 146. OECD Doc. No.DAFFE/MAI (97) 1/REV2.

B Organisation for Economic Co-operation and Development. Directorate for Financial, Fiscal and Enterprise Affairs. Negotiating Group on the MAI (Multilateral Agreement on Investment), *Multilateral Agreement on Investment: Consolidated Text and Commentary.* Paris: OECD, 1997. OECD Doc. No.DAFFE/MAI (97) 1/REV2. Confidential.

PR (Organisation for Economic Co-operation and Development 1997, p. 146)

RL Organisation for Economic Co-operation and Development.

1997. Directorate for Financial, Fiscal and Enterprise Affairs. Negotiating Group on the MAI (Multilateral Agreement on Investment), *Multilateral agreement on investment: Consolidated text and commentary.* Paris: OECD. OECD Doc.No.DAFFE/MAI (97) 1/REV2.

10 インターネット、CD-ROM で入手した資料

N   ¹ 日本．外務省『「大統領貿易促進権限（Trade Promotion Authority）」について』（東京：外務省，2002年），1-2頁．(2002年5月24日)〈http://www.mofa.go.jp/mofa/area/usa/keizai/eco_tusho/tpa.html〉（アクセス日：2002年8月7日）

B   日本．外務省『「大統領貿易促進権限（Trade Promotion Authority）」について』（東京：外務省，2002年），1-2頁．(2002年5月24日)〈http://www.mofa.go.jp/mofaj/area/usa/keizai/eco_tusho/tpa.html〉（アクセス日：2002年8月7日）

PR   （日本．外務省 2002年，1-2頁）

RL   日本．外務省．2002．『「大統領貿易促進権限（Trade Promotion Authority）」について』（東京：外務省，2002年），1-2頁．(2002年5月24日)〈http://www.mofa.go.jp/mofaj/area/usa/keizai/eco_tusho/tpa.html〉（アクセス日：2002年8月7日）

N   ² McCoy, Terry L. 2001. *The Free Trade Area of the Americas: Opportunities and challenges for Florida* (Gainesville, Fla.: University of Florida. Center for Latin American Studies, 2001), pp. 1-9. (Mar. 2001)〈http://www.latam.ufl.edu/publications/ftaa_paper.html〉(opened Aug. 25, 2002)

B   McCoy, Terry L. *The Free Trade Area of the Americas: Opportunities and challenges for Florida.* Gainesville, Fla.: University of Florida. Center for Latin American Studies, 2001. (Mar. 2001)〈http://www.latam.ufl.edu/publications/ftaa_paper.html〉(opened Aug. 25, 2002)

PR (McCoy 2001, pp. 109)

RL McCoy, Terry L. 2001. *The Free Trade Area of the Americas: Opportunities and challenges for Florida.* Gainesville, Fla.: University of Florida. Center for Latin American Studies. (Mar. 2001) 〈http://www.latam.ufl.edu/publications/ftaa_paper.html〉 (opened Aug. 25, 2002)

N   ³ U. S. White House. Office of the Press Secretary. *Remarks by the President at signing of the Trade act of 2002* (Washington, D.C.: White House, 2002), p. 1-3. (Aug. 6, 2002) 〈http://www.tpa.gov/WH_Pres_TPA_signing.htm〉 (visited Aug. 7, 2002)

B   U. S. White House. Office of the Press Secretary. Remarks by the President at signing of the Trade act of 2002. Washington, D.C.: White House, 2002. (Aug. 6, 2002)〈http://www.tpa.gov/WH_Pres_TPA_signing.htm〉 (visited Aug. 7, 2002)

PR (U. S. White House. Office of the Press Secretary 2002, pp. 1-3)

RL U. S. White House. Office of the Press Secretary. 2002. *Remarks by the President at signing of the Trade act of 2002.* Washington, D.C.: White House, 2002. (Aug. 6, 2002) 〈http://www.tpa.gov/WH_Pres_TPA_signing.htm〉 (visited Aug. 7, 2002)

N   ⁴ 『マイクロソフト・エンカルタ総合大百科』CD-ROM（東京：マイクロソフト，2002年）「アーサー王伝説」.

B   『マイクロソフト・エンカルタ総合大百科』CD-ROM. 東京：マイクロソフト，2002年.「アーサー王伝説」.

PR (マイクロソフト・エンカルタ総合大百科　2002年)

RL 『マイクロソフト・エンカルタ総合大百科』2002年. CD-ROM. 東京：マイクロソフト.「アーサー王伝説」.

N   ⁴ *The Oxford English dictionary.* 2d ed. CD-ROM (Oxford: Oxford University Press, 1992).

B   *The Oxford English dictionary.* 2d ed. CD-ROM. Oxford: Oxford University Press, 1992.

PR (*Oxford English dictionary* 1992)
RL *The Oxford English dictionary.* 2d ed. 1992. CD-ROM. Oxford: Oxford University Press.
N   [5] Stephan Galloway, "TV takes the fall in violence poll," *Hollywood Reporter* 23 July 1993: 16. *Predicasts F and S plus text: United States.* CD-ROM. SilverPlatter. Oct. 1993.
B   Galloway, Stephan. "TV takes the fall in violence poll." *Hollywood Reporter* 23 July 1993. *Predicasts F and S plus text: United States.* CD-ROM. SilverPlatter. Oct. 1993.
PR (Galloway 1993, p.16)
RL Galloway, Stephan. 1993. TV takes the fall in violence poll," *Hollywood Reporter* 23 July 1993. *Predicasts F and S plus text: United States.* CD-ROM. SilverPlatter. Oct.

主要文献リスト

この本の本文では引用について括弧方式を採用しているので、この文献リストでは、①出版年を前に記述し、②洋書名の中では本タイトルと副タイトルの最初の単語と固有名詞以外は小文字で記述している。また、必要に応じてアノテーションを付してある。

(アルファベット順)

[一 般]

Adler, Mortimer J., *and* Charles van Doren, 1972. *How to read a book*. rev. and updated ed. New York: Simon and Schuster.

安藤喜久雄編．1999．『わかりやすい論文レポートの書き方：テーマ設定から・情報収集・構成・執筆まで』東京：実業之日本社．

Becker, Howard S., *and* Pamela Richards. 1986. *Writing for social scientists: How to start and finish your thesis, book, or article*. Chicago: University of Chicago Press（邦訳：『論文の技法』（佐野敏行訳）東京：講談社）．

Belcher, Diane, *and* George Braine, *eds*. 1995. *Academic writing in a second language: essays on research and pedagogy*. Norwood, N.J. : Ablex Pub. Corp.

Bolker, Joan. 1998. *Writing your dissertation in fifteen minutes a day: A guide to starting, revising, and finishing your doctoral thesis*. New York: H. Holt.

The Chicago manual of style. 1993. 14th ed. Chicago: University of Chicago Press.
　　——いわゆるシカゴ・マニュアルで、この分野の代表的なもの．

Davis, Gordon B., *and* Clyde A. Parker. 1997. *Writing the doctoral dissertation: A systematic approach*. Hauppauge, N.Y.: Barrons.

デジタル・ビジョン．2002．『Word でラクラク論文作成：Microsoft Word による長文作成・管理術』東京：カットシステム．

Eco, Umberto. 1991．『論文作法：調査・研究・執筆の技術と手順』（谷口勇訳）東京：而立書房．（原書名：*Come si fa una tesi di laurea*. Milano: Gruppo Editoriale Fabbri, Bompiani, Sonzogno, Etas S.p.A.
　　——シカゴ・マニュアルでは、出版地の"Milano"は"Milan"．

Estivill, Assumpció, *y* Cristóbal Urbano, Cómo citar recursos electrónicos. 次のURL を参照. 〈http://www.ub.es/biblio/citae-e.htm〉

Evans, David, *and* Paul Gruda. 2003. *How to write a better thesis*. 2d ed. Melbourne: Melbourne University Press.

E-what?: A guide to the quirks of new media style and usage. 2000. Alexandria, Va.: EEI Press.

Fry, Ronald W. 2000. *Write papers*. How to study program. 5th ed. Franklin Lakes, N.J.: Career Press. （邦訳『アメリカ式論文の書き方』（酒井一夫訳）東京：東京図書，1994）

　　　――主張が簡明で、日本の学生にとっても有益．

――. 1994. *Write papers*. 2d ed. How to study program. Hawthorne, N.J.: Career Press.

古郡廷治．1992．『論文・レポートの文章作法』有斐閣新書 C164．東京：有斐閣．

Gibaldi, Joseph, *and* Walter S. Achtert. 1999a. *MLA handbook for writers of research papers*. 5th ed. New York: The Modern Language Association of America. （邦訳『MLA 英語論文の手引』第2版（原田敬一訳）東京：北星堂書店，1990）

　　　――いわゆる『MLA ハンドブック』で、原書、訳書ともに基本書のひとつ．

――. 1999b. *MLA style manual and guide to scholarly publishing*. 3d ed. New York: The Modern Language Association of America.

　　　――いわゆる「MLA マニュアル」で、基本書のひとつ．

Hacker, Diana. 2000. *The Bedford handbook: Updated with Mla's and Apa's 1999 guidelines*. 5th ed. Boston: Bedford/St. Martin's.

――. 2000. *A Pocket style manual: With 2001 Apa guidelines*. 3d ed.Boston: Bedford/St. Martin's.

――. 2003. *A Writer's reference: With 2001 Apa guidelines*. 4th ed. Boston: Bedford/St. Martin's.

――, *and* Barbara Fister. 1999. *Research and documentation in the electronic age*: *Updated with Apas 2001*. 2d ed. Boston: Bedford/St. Martin's.

浜田麻里・平尾得子・由井紀久子．2002．『論文ワークブック』東京：くろしお出版．（旧版『大学生と留学生のための論文ワークブック』）

花井等・若松篤．1997．『論文の書き方マニュアル：ステップ式リサーチ戦略のすすめ』有斐閣アルマ．東京：有斐閣．

Harnack, Andrew, Eugene Kleppinger, *and* Gene Kleppinger. 2002. *Online!*

A reference guide to using internet sources. New York, N.Y.: Bedford/St. Martin's.

――. *Online! Citation styles.* 次の URL を参照。
〈http://www.bedfordstmartins.com/online/citex.html〉

東大路鐸編著．1997．『論文・レポートの書き方と作文技法』新訂版．東京：画文堂．

Hodges, John C., Mary E. Whitten, *and* Suzanne S. Webb. 1986. *Harbrace college handbook.* 10th ed. San Diego: Harcourt Brace Jovanovich.

保坂弘司．1978．『レポート・小論文・卒論の書き方』講談社学術文庫 297．東京：講談社．

Howell, John Bruce. 1983. *Style manuals of the English-speaking world: A guide.* Phoenix, Ariz.: Oryx Press.

加藤恭子・Vanessa Hardy．1992．『英語小論文の書き方』講談社現代新書 1122．東京：講談社．

慶應義塾大学通信教育部編．2003．『卒業論文の手引』新版．東京：慶應義塾大学出版会．

木下是雄．1990．『レポートの組み立て方』東京：筑摩書房．

河野哲也．2002．『レポート・論文の書き方入門』第3版．東京：慶應義塾大学出版会．
　　　――初心者から大学院生まで利用可能．

Kornhauser, Arthur W. 1993. *How to study: Suggestions for high school and college students.* 3d ed. Rev. by Diane Enerson. Chicago: University of Chicago Press. (邦訳：『大学で勉強する方法』(山口栄一訳) 町田：玉川大学出版部、1995年).
　　　――勉強の仕方、論文の書き方について、基本的なことを簡明に指摘．

Leki, Ilona. 1998. *Academic writing: Exploring process and strategies.* 2d ed. Cambridge, England: Cambridge University Press.

Li, Xia. 1996. *Electronic styles: A handbook for citing electronic information.* Contributed by Nancy B. Crane. Medford, N.J.: Information Today, Inc.

宮地裕ほか編．1997．『ハンドブック論文・レポートの書き方』東京：明治書院．

MLA style: Documenting sources from the world wide web by the Modern Language Association of America. 次の URL を参照。〈http://www.mla.org/www_mla_org/style/style_main.asp?level=2&mode=page&page=1&link=sty72800121438§ion=sty51800124510〉

―――Internet Explorer のバージョンによっては、この頁へのアクセス不可。問題があるときは、IE の新バージョンか Netscape のバージョンを使用．

MLA style manual and guide to scholarly publishing, see Gibaldi.

Murray, Rowena. 2002. *How to write a thesis*. Buckingham, England and Philadelphia: Open University Press.

日本図書館協会ほか監修．2002．『レポート・論文作成法』新・図書館の達人 第6巻．東京：紀伊國国屋書店．ビデオ（約30分）．

新堀聰．2002．『評価される博士・修士・卒業論文の書き方・考え方』東京：同文舘出版．

Pavlicin, Karen, *and* Christy Lyon. 1998. *Online style guide: Terms, usage, and tips*. St. Paul, Minn.: Elva Resa Publishing.

Preece, Roy. 1994. *Starting research: An introduction to academic research and dissertation writing*. London: Pinter Publishers.

斉藤孝．1988．『学術論文の技法』増補版．東京：日本エディタースクール出版部．
―――必要なことを過不足なく説明した基本的マニュアル．

櫻井雅夫．2003．『レポート・論文の書き方 上級』改訂版．東京：慶應義塾大学出版会．

佐藤孝一．1973．『博士・修士・卒業論文の書き方』東京：同文舘出版．

澤田昭夫．1977．『論文の書き方』講談社学術文庫 153．東京：講談社．

清水幾太郎．1959．『論文の書き方』岩波新書 341．東京：岩波書店．

Silverman, Jay, Elaine Hughes, *and* Diana Roberts Wienbroer. 1999. *Rules of thumb for research*. Boston, Mass.: McGraw-Hill College.

Strunk, William. 1999. *The elements of style*, with revisions, an introduction, and a chapter on writing by E. B. White. 4th ed. Boston, Mass.: Allyn and Bacon.

Swales, John, Christine B. Feak, *and* John M. Swales. 1994. *Academic writing for graduate students: Essential tasks and skills: A course for nonnative speakers of English*. Ann Arbor, Mich.: University of Michigan Press.（邦訳：『効果的な英語論文を書く：その内容と表現』（御手洗靖訳）東京：大修館書店）．

田代菊雄編著．1994．『大学生のための研究の進め方・まとめ方』新版．岡山：大学教育出版．

Teitlbaum, Harry. 1998. *How to write a thesis*. 4th ed. New York: Macmillan USA.

Troyka, Lynn Quitman. 2002. *Simon & Schuster handbook for writers*. 6th ed. Upper Saddle River, N.J.: Pearson Education.

Turabian, Kate L. 1996. *A manual for writers of terms papers, thesis, and dissertations*. 6th ed. Revised and expanded by Bonnie Birtwistle Honigsblum. Chicago: The University of Chicago Press. (邦訳『英語論文の書き方』第4版（高橋作太郎訳）東京：研究社, 1980)

　　――前出の *Chicago manual of style* とはべつに、本書が「シカゴ・マニュアル」と略称しているもので、引用の方式の具体例についてほぼ網羅的に説明。

――. 1976. *Student's guide for writing college papers*. 3d ed. University of Chicago Press.

Ventola, Eija, *and* Anna Mauranen, *eds*. 1996. *Academic writing: Intercultural and textual issues*. Amsterdam: J. Benjamins.

Walker, Janice R., *and* Todd Taylor. 1998. *The Columbia guide to online style*. New York: Columbia University Press.

Walker, Melissa. 1996. *Writing research papers: A Norton guide*. 4th ed. New York and London: W. W. Norton & Co.

早稲田大学出版部編．1984．『卒論・ゼミ論の書き方』東京：早稲田大学出版部．

――. 2000．『卒論・ゼミ論の書き方』新版．東京：早稲田大学出版部．

Webster's standard style manual. 1985. Springfield, Mass.: Merriam Webster.

Weidenborner, Stephen, *and* Domenick Caruso. 2001. *Writing research papers: A guide to the process*. 6th ed. Boston: Bedford/St. Martin's.

Yahoo category: Internet citation, 次の URL を参照．〈http://dir.yahoo.com/Social_Science/Linguistics_and_Human_Languages/Languages/Specific_Languages/English/Grammar_Usage_and_Style/Citation/Internet_Citation/〉

吉田健正．1997．『大学生と大学院生のためのレポート・論文の書き方』京都：ナカニシヤ出版．

[法律学・政治学・経済学]

Bieber, Doris M. 1986. *Current American legal citations with* 2100 *examples*. Comp. and ed. by Doris M. Bieber. Buffalo, N.Y.: William S. Hein & Co., 1986.

The Bluebook: A Uniform system of citation. 2000. 17th ed. Comp. by the editors of the Columbia Law Review, the Harvard Law Review, the University of Pennsylvania Law Review, and The Yale Law Journal. Cambridge, Mass. : The Harvard Law Review Association. (邦訳：1984.『法律文献の引用法：アメリカ法を中心に』山本信男監修．藤本直子・真木秀子訳．東京：三浦書店．使用原書は13版［1981］)

　　　──いわゆるブルーブックで、ロースクール留学や外国法研究を志す者にとって有益．

Dworsky, Alan L. 2000. *User's guide to the Bluebook.* Rev. for the 17th ed. Littleton, Colo.: Fred B. Rothman & Co. (邦訳：2001.『法律文献の簡易引用法：ブルーブック第17版の要約版』山本信男訳．東京：三浦書店)

Garner, Diane L., *and* Diane H. Smith. 1984. *The complete guide to citing government documents: A manual for writers and librarians.* Bethesda, Md. : Congressional Information Service.

法律編集者懇話会．2002．「法律文献等の出典の表示方法，2002年」『法律関係 8 学会共通会員名簿，2002』(日本学会事務センター)，1-16頁．

　　　──日本の文献についての標記に参考になる．

法律図書館連絡会ビデオ制作委員会．1997.『法学文献の調べ方：判例編』東京：法律図書館連絡会．［発売元，三浦書店］．ビデオ（24分）．

伊藤博文．1997.『法律学のためのコンピュータ』東京：日本評論社．

小浜裕久・木村福成．1998.『経済論文の作法：勉強の仕方・レポートの書き方』増補版．東京：日本評論社．

Maier, Elaine C. 1986. *How to prepare a legal citation.* New York: Barron's Educational Series, Inc.

　　　──ロースクールの学生向けに、引用方式を分かりやすく説明．

Martin, Peter W. 2001. Introduction to basic legal citation. 2001-02 ed. Ithaca, N.Y.: Cornell Law School.

Person, Candace Elliott. *Citation of legal and non-legal electronic database information.* 次の URL を参照．〈http://www.michbar.org/publications/citation.htm〉

Rodgers, Frank. 1980. *A guide to British government documents.* New York: H. W. Wilson Company.

A Uniform system of citation, see, The Bluebook.

U. S. Government Printing Office. 1986. *Style manual.* Rev. ed. New York:

Gramercy Pub. Co.

[人文科学ほか]

American Psychological Association. 2001. *Publication manual of the American Psychological Association*. 5d ed. Washington, D.C. : American Psychological Association.
　　——いわゆる APA マニュアルで、人文科学以外の分野の者にとっても有益.
Crouse, Maurice, *Citing electronic lnformation in history papers.* 次の URL を参照. 〈http://www.people.memphis.edu/~mcrouse/elcite.html〉
Electronic reference formats recommended by the American Psychological Association. 次の URL を参照. 〈http://www.apastyle.org/elecref.html〉
Gray, Wood, *and others*. 1964. *Historian's handbook: A key to the study and writing history*. 2d ed. Boston: Houghton Mifflin.
Hockett, Homer Carey. 1977. *The critical method in historical research and writing*. Westport, Conn.: Greenwood Press.
教育論文の書き方研究会編. 1996. 『教育論文・研究報告書の書き方』東京：教育出版.
中田英雄・金城悟. 1998. 『大学生のための研究論文のまとめ方：データ収集からプレゼンテーションまで』東京：文化書房博文社.
中尾浩・伊藤直哉. 1998. 『人文系論文作法』東京：夏目書房.
——. 1998. 『Windows95版人文系論文作成法』東京：夏目書房.
——・逸見龍生. 1995. 『マッキントッシュによる人文系論文作法』東京：夏目書房.
歴史科学協議会編. 1997. 『卒業論文を書く：テーマ設定と史料の扱い方』東京：山川出版社.
Tallent, Norman. 1993. *Psychological report writing*. 4th ed. Englewood Cliffs, N.J.: Prentice Hall.

[自然科学ほか]

American Chemical Society. 1978. *Handbook for authors of papers in American Chemical Society publications*. Washington, D.C.: American Chemical Society.

American Institute of Chemical Engineers. [1978] *Guide for writers and speakers*. New York: American Institute of Chemical Engineers.

American Institute of Physics. Publications Board. 1978. *Style manual for guidance in the preparation of papers*. 3d ed. New York: American Institute of Physics.

American Mathematical Society. 1980. *A manual for authors of mathematical papers*. 7th ed. Providence, R.I.: American Mathematical Society.

Browner, Warren S. 1999. *Publishing and presenting clinical research*. Baltimore, Md.：Williams & Wilkins.（邦訳：2001.『EBM医学英語論文の書き方・発表の仕方』折笠秀樹監訳．東京：医学書院）

Byok, Robert E. 1987.『実例による医学論文の書き方：文章構成のポイント』（引地岳雄訳）東京：メジカルビュー社．

Council of Biology Editors. CBE Style Committee. 1994. *CBE style manual: A guide for authors, editors, and publishers in the biological sciences*. 6th ed., rev. and exp. Bethesda, Md.: Council of Biology Editors.

電子情報通信学会．1976.『学術論文の書き方：発表の仕方』改訂版．東京：電子情報通信学会．

Dodd, Janet S., ed. 1997. *The ACS style guide: A manual for authors and editors*. 2d ed. Washington, D.C.: American Chemical Society.

Hathwell, David, *and* A. W. Kenneth Metzner, *jt. ed*. 1978. *Style manual*. 3d ed. New York: American Institute of Physics. Institute of Electrical and Electronics Engineers.

Higham, Nicholas J. 1993. *Handbook of writing for the mathematical sciences*. Philadelphia, Pa.：Society for Industrial and Applied Mathematics.（邦訳：『数理科学論文ハンドブック：英語で書くために』（奥村彰二，長谷川武光共訳）東京：日本評論社）

廣岡慶彦．2001.『理科系のためのはじめての英語論文の書き方』東京：ジャパンタイムズ社．

井口道生．1994-1995.『英語で科学を書こう』パリティブックス．東京：丸善．

International Steering Committee of Medical Editors. 1979. "Uniform requirements for manuscripts submitted to biomedical journals," *Annals of Internal Medicine*, Vol. 90 (Jan.).

岩田薫・米沢宜行．2002.『科学・技術者のための英文レポートの書き方』東京：三共出版．

泉美治ほか．1999．『化学のレポートと論文の書き方』改訂版．京都：化学同人社．
正井泰夫・小池一之編．1994．『卒論作成マニュアル：よりよい地理学論文作成のために』東京：古今書院．
Noguchi, Judy・松浦克美．2000．『Judy先生の英語科学論文の書き方』東京：講談社．
Okazaki, Masao. 1999．『日本人英語の弱点を克服する医学英語論文の賢い書き方：Joy of medical writing』（岡崎春雄訳）東京：メジカルビュー社．
太田恵造．1993．『卒業論文作成の手引き：理工系』東京：アグネ技術センター．
鮫島達也・Jen Tsi Yang. 1996．『化学・生化学のための英語論文の書き方』東京：培風館．
末武国弘．1981．『科学論文をどう書くか：口頭発表の仕方まで』東京：講談社．
高木隆司．1997．『理科系の論文作法：創造的コミュニケーションの技術』丸善ライブラリー．東京：丸善．
田中潔．1975．『医学論文の書き方』東京：医学書院．
田中義麿・田中潔．1975．『科学論文の書き方』訂正第28版．東京：裳華房．
矢島仁吉．1975．『地理学論文のまとめ方と書き方』東京：古今書院．
山口成良．1991．『精神医学論文の書き方』東京：星和書店．
八杉竜一．1971．『論文・レポートの書き方』東京：明治書院．
──・竹内敬人．1975．『論文・レポートの書き方』改訂版．東京：明治書院．

[目録規則]

The American Library Association, *and others*. 1988. *Anglo-American cataloguing* rules. 2d ed., 1988 revision. Prepared by The American Library Association, The British Library, The Canadian Committee on Cataloguing, The Library Association and The Library of Congress. Edited by Michael Gorman *and* Paul W. Winkler.（邦訳『英米目録規則』第2版．（丸山昭二郎・原田公子・坂本博ほか訳）東京：日本図書館協会，1983年）
　　　──いわゆるALAマニュアルで、カタロギングにとって不可欠．
学術情報センター．1990．『目録システム利用マニュアル：データベース編』東京：学術情報センター．
丸山昭二郎編．1986．『洋書目録法入門』東京：日本図書館協会．
──編．1988．『洋書目録法入門：マニュアル編』東京：日本図書館協会．
日本図書館協会目録委員会編．1987年．『日本目録規則』改訂版．東京：日本図書

館協会.

資料

資料1　論文の体裁

(1) 横書きの場合

i　日本語の場合

①慶應義塾大学文学部の例

　慶應義塾大学文学部では一部の学科を除き、卒業論文の提出が義務づけられている。

　以下は、同学部が定めた注意事項と表紙見本である。

注意事項

1．必ず事前に水色の提出用紙を学事センターで受け取ってください。(提出場所での配布は行いません。)
　　(提出用紙は表紙ではありません。表紙に貼ったり、切り離したりせず、論文と一緒に提出してください。)
2．論文は散逸しないように綴じ、外表紙に論文題目、学科、専攻、学籍番号、氏名を必ず記入してください。
　　(詳細は指導教授の指示に従ってください。)
　　必ずファイルに綴じるなど、表紙・裏表紙は硬いものにしてください。
　　通常のレポートのような状態では受理できません。
3．フロッピーディスクのみの提出はできません。
　　また、資料として副論文、写真、フロッピーディスク等がある場合は、主論文と一緒に封筒に入れ、バラバラにならないようにして提出してください。(封筒にも学籍、氏名等を記入のこと)

横書き表紙見本

2003年(平成15)年度　卒業論文

論　文　題　目

慶應義塾大学　文　学　部
○○○学科△△△△△専攻
学籍番号□□□□□□□□
氏　　名

筆者注－教務課では、表紙のレイアウトについて、これ以上細かいことを定めていない。したがって、①大きさをＡ４とＢ５のいずれにするか、②表紙と本文を横書きと縦書きのいずれにするかなどの点はすべてそれぞれの指導教授に任されている。縦書きの場合の表紙レイアウトは資料1(2)iiiを参照されたい。

㋺慶應義塾大学大学院政策・メディア研究科の例

　同学科で修士論文を提出して修士号を取得する場合には、同研究科『大学院履修案内』に収録の次のような要領に拠っている。(修士論文を提出せずに所定の科目を履修して修士号を取得する方法もある。)

> 1.
> 2. ─(省略)
> 3.
> 4. 修士論文提出(1月16日(金)、9月終了生は7月9日(水)予定)
>   (1) 作成部数
>   正論文1部（最終的に主査が保管）
>   副論文3部
>   設計図、作品、ソフトウェア等の添付物がある場合も原則として4点提出してください。
>   ただし、模型等の作品は受け付けない。コピーのできない写真等の提出については指導教員と相談してください。
>   (2) 作成要領
>   ① 原則としてA4判縦、横書きで左綴じ。正論文と同じものを副論文とし3部作成してください。コピーの場合は変色しないものに限ります。
>   ② 論文はファイル（任意のA4判縦型で差替え可能なもの）に綴じてください。
>   ③ 論文要旨は邦文および英文を各4部作成し、正論文、副論文の上に邦文、英文の順に綴じてください。論文要旨はA4判1ページにまとめ、論文の主要な内容にかかわるキーワード5つ程度を下部に別記してください。
>   （このキーワードは将来修士論文がデータベース化される場合は検索のキーになるものです。）
>   (3) 提出方法
>   「修士論文提出票」（窓口配布）に必要事項を記入のうえ提出してください。
> 5. (省略)

修士論文のまとめ方について

　修士論文は以下に示す体裁例に準じてまとめてください。ただし、章・節のたて方、章・節の名称、順序などは自由です。下記の＊印は記述内容(例)の項目を示したものです。

まとめ方の例

第1章　はじめに（序章）
　＊研究のきっかけ・成り立ち
　＊研究の目的・意義

第2章　研究の背景
　＊国内外の研究状況
　＊研究の動向

第3章　研究の概要
　＊研究の概要
　＊研究の特徴・独創性（他の研究との相違を明記する）
　＊期待する成果
　＊研究の方法

第4章～第○○章　研究成果
　＊研究アプローチ・結果の詳細
　＊作品・プログラム等の説明
　＊特徴ある研究成果の主張
　＊……………

第○○章　おわりに（結言）
　＊研究成果のまとめ
　＊今後の課題

謝辞

参考文献
　＊引用文献リスト
　（本文中に引用した参考文献の文献番号または著者名等を明記し、研究と参考文献との関係を明らかにする）

付録

筆者注－半年ごとに別途配布される作成・提出方法のなかには、「論文テキストはLatexやワープロなどを使用してください。」との指示がされているので、手書きの論文は受け付けないということになる。Latex(ラテフまたはラテックス)は入力した論文を編纂するソフトである。

【2003年度秋学期修了予定者修士論文　表紙・背表紙の体裁】

（1）表紙　　　　　　　　　　　　　　　　　　　　（2）背表紙

修士論文　２００３年度（平成15年度）

論　文　題　目

慶應義塾大学　大学院　政策・メディア研究科

氏　　名

'03 修士論文

題　目

氏　名

【2003年度秋学期修了予定者修士論文　要旨の体裁】

※　原則としてＡ４縦、横書き、邦文と英文を各１枚にまとめてください。
　　正論文１部、副論文２部のうえにそれぞれ邦文、英文の順に綴じてください。

修士論文要旨　　２００３年度（平成15年度）

論　文　題　目

論　文　要　旨

キーワード
| 1 | 2 | 3 | 4 | 5 |

慶應義塾大学　大学院　政策・メディア研究科

氏　名

《英文》

Abstract of Master's Thesis
Academic Year 2 0 0 3

Title

Summary

Key Words
| 1 | 2 | 3 | 4 | 5 |

Keio University Graduate School of Media and Governance

Name

③慶應義塾大学法学部の例

　慶應義塾大学法学部では卒業論文提出の義務づけはなく、所属する研究会（ゼミナール）の担当教授が求めた場合にのみ執筆している。したがって、統一の書式レイアウト等は定められていない。

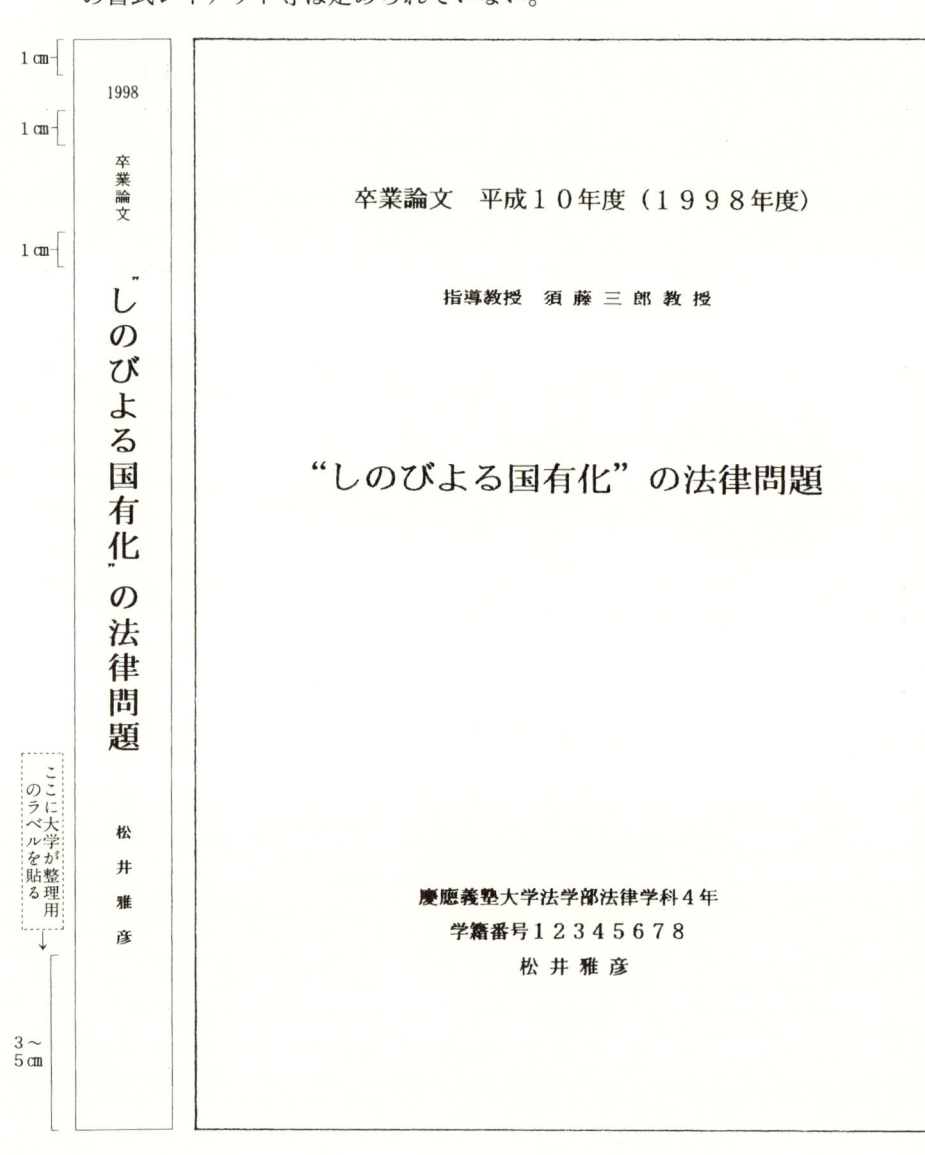

（背表紙）
1998
卒業論文
"しのびよる国有化"の法律問題
松井雅彦

1㎝
1㎝
1㎝

ここに大学が整理用のラベルを貼る
3〜5㎝

（表紙）

卒業論文　平成１０年度（１９９８年度）

指導教授　須藤三郎教授

"しのびよる国有化"の法律問題

慶應義塾大学法学部法律学科４年
学籍番号１２３４５６７８
松井雅彦

ここにあげた例は、同大学大学院の各研究科や文学部が指定するレイアウトを参考にしたものである。前頁の表紙見本、論題の個所について、字数が多いときは2行以上にして各字を大きくしたほうがよい。

目　　次

　　　　　　　　　　　　　　　　　　　　　　　　　　　　　　頁
　まえがき ……………………………………………………………… i
　判例・仲裁判断等リスト …………………………………………… iv
　図表リスト …………………………………………………………… viii
　語彙リスト …………………………………………………………… ix

　問題の所在 …………………………………………………………… 1
　第1章　"しのびよる国有化"の位置 ……………………………… 4
　　第1節　間接収用との関係 ……………………………………… 4
　　第2節　カントリー・リスクにおける位置づけ ……………… 5
　　第3節　現地化における位置づけ ……………………………… 6
　第2章　"しのびよる国有化"に関する学説・論議の変遷 ……… 7
　　第1節　国有化の概念 …………………………………………… 7
　　第2節　論議の変遷 ……………………………………………… 12
　　第3節　学説等の整理 …………………………………………… 40
　第3章　事故の発生状況 …………………………………………… 42
　第4章　"しのびよる国有化"に対する救済措置 ………………… 50
　　第1節　国際法上の救済 ………………………………………… 50
　　第2節　国内法上の救済 ………………………………………… 61
　第5章　"しのびよる国有化"に対する制裁措置 ………………… 66
　　第1節　国際機関による措置 …………………………………… 66
　　第2節　国内法による措置 ……………………………………… 73
　第6章　結　論 ……………………………………………………… 82
　文献リスト …………………………………………………………… 88
　付属資料 ……………………………………………………………… 93
　　あとがき …………………………………………………………… 120

― iii ―

判例・仲裁判断等リスト

頁

・・・・・・・・・・・・・・・・・・・・・・・・・・・・・

・・・・・・・・・・・・・・・・・・・・・・・・・・・・・

Parsons (Great Britain) *v.* United States. 30 November 1925. 6 U. N. R. I. A. A. 165 (1925) ・・・ 4

・・・・・・・・・・・・・・・・・・・・・・・・・・・・・

United States *v.* Caltex (Philippines), Inc. 344 U. S. 149, 73 S. Ct. 200, 97 L. Ed. 157 (1952) ・・・・・・・・・・・・・・・・・・・・・・・・・・・・ 4

第1章 "しのびよる国有化"の位置

第1節 間接収用との関係

　"しのびよる国有化"と"間接収用"(indirect expropriation)・"間接徴収"(indirect taking)・"間接収奪"(indirect deprivation)との間の用語上の差異については、不明確な点が多い。ウォートレイ(B. A. Wortley)によれば、"間接収用"とは統治行為を偽装して所有者から財産権を収奪する行為である(Wortley 1959, Chap. 3)。経済協力開発機構(OECD)によれば、間接収奪とは完全な収奪として識別されるような何らかの特定行為もなしに、本来であれば合法的な措置が外国人の財産の享受ないし価値を終局的にはかれらから収奪する方法で適用されることである (OECD 1967, p.25)。 また、スタイナー(H. Steiner)＝ヴァーツ(D. Vagts)は、"しのびよる国有化"と間接徴収をほぼ同義で使用しており、これを説明するものとして、次の仲裁判断および判決を例示している(Steiner and Vagts 1968, p.487)。

　第1に、「パーソンズ事件」(Parsons(Great Britain) v. United States) における仲裁判断においては、フィリピンの暴動の間、アメリカ軍当局による酒類貯蔵庫の破壊から生じた損失に関してイギリス政府がアメリカ政府に対して損害賠償を請求してきたことに対して、仲裁人はこれを却下した。 すなわち、"われわれは、この破壊はまったく軍事政府の…権限内の…事柄であり、諸情勢からみてまったく正当なものとされると判断する"というものである。

　第2に、「フィリピン・カルテックス事件」(United States v. Caltex(Philippines), Inc.)に対する判決においては、アメリカ最高裁判所は、日本軍のマニラ進攻のさいにアメリカ軍が原告の諸施設を破壊したことはアメリカ憲法第5修正の意味での"徴収"(taking)には該当しないとしている。

　以上からもわかるように、各論者はともに従来の国有化と異なった現象をさまざまな表現で指摘しているのである。

第2節 カントリー・リスクにおける位置づけ

専門語としての"カントリー・リスク"(country risk)と"投資環境"(investment climate)や"事業環境"(business environment)とは同義ではない。投資環境とは、ファトウロス(A. Fatouros)によれば、"特定国の外国投資に対する一般的態度であって、とくに外国投資家の期待に影響を与えるもの"であり、"一国における外国投資に影響を与える経済その他の諸要因の全体の絡みあい"を指している(Fatouros 1959, p.699)。このように漠然としたものよりも、カントリー・リスクの概念はもう少し明確かつ狭いものである。

ここでいうカントリー・リスクという用語は、ナジー(P. J. Nagy)による対外貸付(cross-border lending)に伴うカントリー・リスクの概念を援用すれば、対外投資が投資受入れ国の諸事象によって損害に曝されることであり、かつその事象が或る程度まで少なくとも当該国政府のコントロールのもとで発生するものであり、国際合弁事業または外国投資家のコントロールのもとで発生するものではないということになる(Nagy 1978, pp.13-14)。

カントリー・リスクの内容をこのように把えれば、"しのびよる国有化"はカントリー・リスクの中の非常リスクないし政治リスク(political risk)すなわち投資受入れ国の責めに帰さないリスクのひとつとして位置づけることができる(櫻井 1982年, 第1章;櫻井 1980年, 第1章)。(一部の"実務専門家"なる人たちは、"しのびよる国有化"を非常リスクと事業リスクの間のグレイゾーンに位置するものとするが、非論理的であり到底受認することができない。)

第3節　現地化における位置

"現地化"(nationalization; localization; indigenization)は、伝統的な意味での国有化と狭義での現地化を含む概念である(櫻井 1997年, 103頁)。狭義の現地化は、外国人財産の現地私人への移転を含む概念として把えられる。このような行為は、例えばメキシコで行われると"メキシカナイゼーション"(Mexicanization; mexicanización)とよばれる(櫻井 1977年, 第6章)。

また、"しのびよる国有化"は、強制的な事業放棄、撤収に陥れられることを意味しているものであって、必ずしも現地化と同義ではない。すなわち、"しのびよる国有化"においては、結果として外国人財産が投資受入れ国の政府ないし私人に移転する場合またはそのいずれにも移転しない場合がある。例えば、現地法

文 献 リ ス ト

....

Fatouros, Arghyrios A. 1959. Legal security for international investment. In *Legal aspects of foreign investment*, ed. Wolfgang Friedmann and Richard C. Pugh. New York: Little, Brown and Co.

....

Nagy, Pancras J. 1978. *Country risk: How to assess, qualify and monitor it.* London: Euromoney Pub.

....

OECD → Organisation for Economic Co-operation and Development

....

Organisation for Economic Co-operation and Development. 1967. *Draft convention on the protection of foreign property and resolution of the Council of the OECD on the draft convention.* Paris, Organisation for Economic Co-operation and Development.

....

櫻井雅夫。1977年。「ケース・スタディーメキシカナイゼーション－」同『国際経済法研究』東京：東洋経済新報社。
同。1980年。『危ない国の研究』東京：東洋経済新報社。
同。1982年。『カントリー・リスク』東京：有斐閣。
同。1997年。『国際経済法』新版。東京：成文堂。

....

Steiner, Henry, and Detlev Vagts. 1968. *Transnational legal problems.* New York: Foundation Press.

....

Wortley, Ben Atkinson. 1959. *Expropriation in public international law.* London: Cambridge University Press.

....

④東京大学法学部教員による論文の例

第一部　公共利益をめぐる政治過程　58

かつ自律的であることも、この政策決定パターンの特徴である。少なくとも従来は、金融、証券、運輸、農業、航空、兵器調達など、経済規制と通例称される政策領域でみることができるパターンであった。最近までのほとんどの アメリカ政治の教科書において、アメリカにおける政策決定過程の典型的パターンとして詳述されてきたのも、この鉄の三角形論である (Berry, 1989a, p. 175)。

これに対して、すでに一九七八年よりヒュー・ヘクローは、政策決定過程において影響力をもつ特定かつ固定的な少数者(すなわち鉄の三角形)を探し求めるあまり、影響力を網の目のように張りめぐらせた多数者の方を見逃す傾向があることを、強く批判してきた。この「多数者」とは、特定の政策や争点について、対立する場合もあるものの、専門的な知識と関心、情熱と相互依存関係をもつ人間からなっている。これが彼のいうイシュー・ネットワークであるが、これは多くの点で鉄の三角形と正反対の特徴を有している。

参加者はつねにネットワークを出入りしていて、相互の関係は開放的であり、またきわめて流動的かつ不安定である。当該政策を常時支配しているような特定の利益集団や永続的な利益連合は存在しない。参加者にとって、しばしば直接の経済的利益より知的関心や感情的コミットメントの方が重要である。すなわち、このネットワークには多くの場合、通常の利益団体の代表やロビイストも含まれているものの、政策・争点について格別の知識を有する専門家も加わっている。ただし、ここでいう専門家は政策志向の強い活動家であり、このなかから指導的地位につくのが、専門家を使いこなすことの専門家である政策政治家である (Heclo, 1978, pp. 88–113; Berry, 1989b, pp. 239–260; 久保、一九九一年)。

ただし、イシュー・ネットワークは必ずしも無定形な粘土細工ではない。それは主として次の二つの形態を有している。第一に、ネットワークのなかではより中心的な役割を演じる団体(たとえば大きな業界団体など)が存在しており、それは広範な争点に関与するとともに、多数の情報の集積基地となっている。

出所：久保文明．1997．『現代アメリカ政治と公共利益』東京：東京大学出版会．

久保文明　1990 年「アメリカ政治史における国家と階級——若干の考察」小川晃一・片山厚編『階級意識とアメリカ社会』木鐸社

久保文明　1991 年「レーガン政権と環境保護政策——規制緩和と運動の制度化」阿部斉・五十嵐武士編『アメリカ現代政治の分析』東京大学出版会

久保文明　1994 年「現代アメリカ政治における環境保護問題」『創文』358 号(1994 年 9 月)

久保文明　1995 年 a「アメリカの環境保護政策決定過程における専門能力・運動・制度——公害未然防止法の場合」『法学研究』68 巻 2 号

久保文明　1995 年 b「米国環境保護政策の「転換」——公害未然防止政策の展開をめぐって」『法学研究』68 巻 10 号

⋮

Berry, Jeffrey M. 1989a. *The Interest Group Society*. Second Edition. New York: Harper-Collins Publishers.

Berry, Jeffrey M. 1989b. "Subgovernments, Issue Networks, and Political Conflict," in Richard A. Harris and Sidney M. Milkis eds., *Remaking American Politics*. Boulder, CO: Westview Press.

Berry, Jeffrey M. and Kevin W. Hula. 1991. "Interest Groups and Systemic Bias," Paper Presented at the 1991 Annual Meeting of the American Political Science Association.

Bosso, Christopher J. 1991. "Adaptation and Change in the Environmental Movement," in Allan J. Cigler and Burdett A. Loomis eds., *Interest Group Politics*. Third Edition. Washington, DC: CQ Press.

⋮

Hearne, Shelley A. 1996. "Tracking Toxics: Chemical Use and the Public's Right-to-Know." *Environment* (38-6, July/August).

Heclo, Hugh. 1977. *A Government of Strangers: Executive Politics in Washington*. Washington, DC: The Brookings Institution.

Heclo, Hugh. 1978. "Issue Networks and the Executive Establishment," in Anthony King ed., *The New American Political System*. Washington, DC: The American Enterprise Institute.

ii 英語の場合
　　①シカゴ・マニュアルの例
ここでは、サンプルを丁寧に作成している第 5 版のものを収録した。
　　（表　紙）

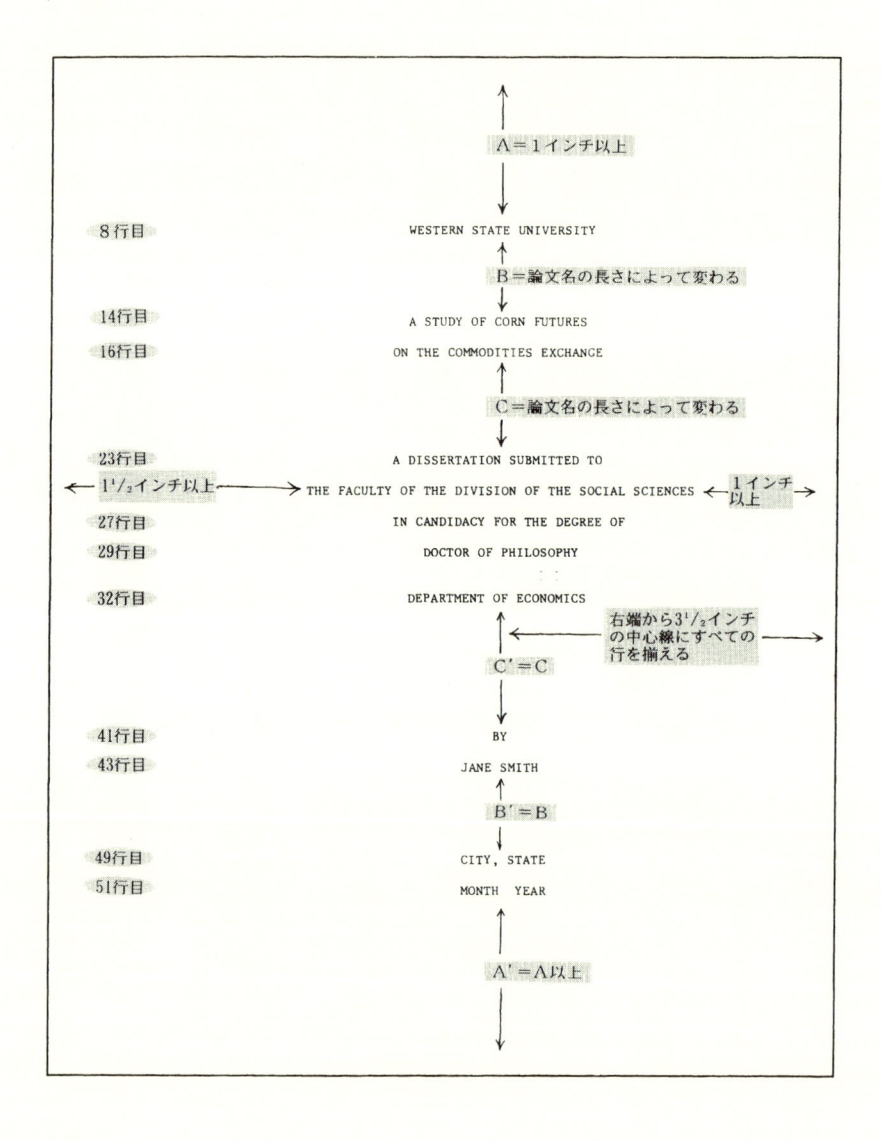

```
                              ↑
                          A＝1インチ以上
                              ↓
   8行目              WESTERN STATE UNIVERSITY
                          B＝論文名の長さによって変わる
  14行目              A STUDY OF CORN FUTURES
  16行目              ON THE COMMODITIES EXCHANGE
                          C＝論文名の長さによって変わる
  23行目              A DISSERTATION SUBMITTED TO
←1 1/2インチ以上→ THE FACULTY OF THE DIVISION OF THE SOCIAL SCIENCES ← 1インチ以上
  27行目              IN CANDIDACY FOR THE DEGREE OF
  29行目              DOCTOR OF PHILOSOPHY
  32行目              DEPARTMENT OF ECONOMICS
                              ↑                   右端から3 1/2インチ
                              ↓                   の中心線にすべての
                           C'＝C                   行を揃える
  41行目                     BY
  43行目                  JANE SMITH
                           B'＝B
  49行目                  CITY, STATE
  51行目                  MONTH   YEAR
                              ↑
                          A'＝A以上
                              ↓
```

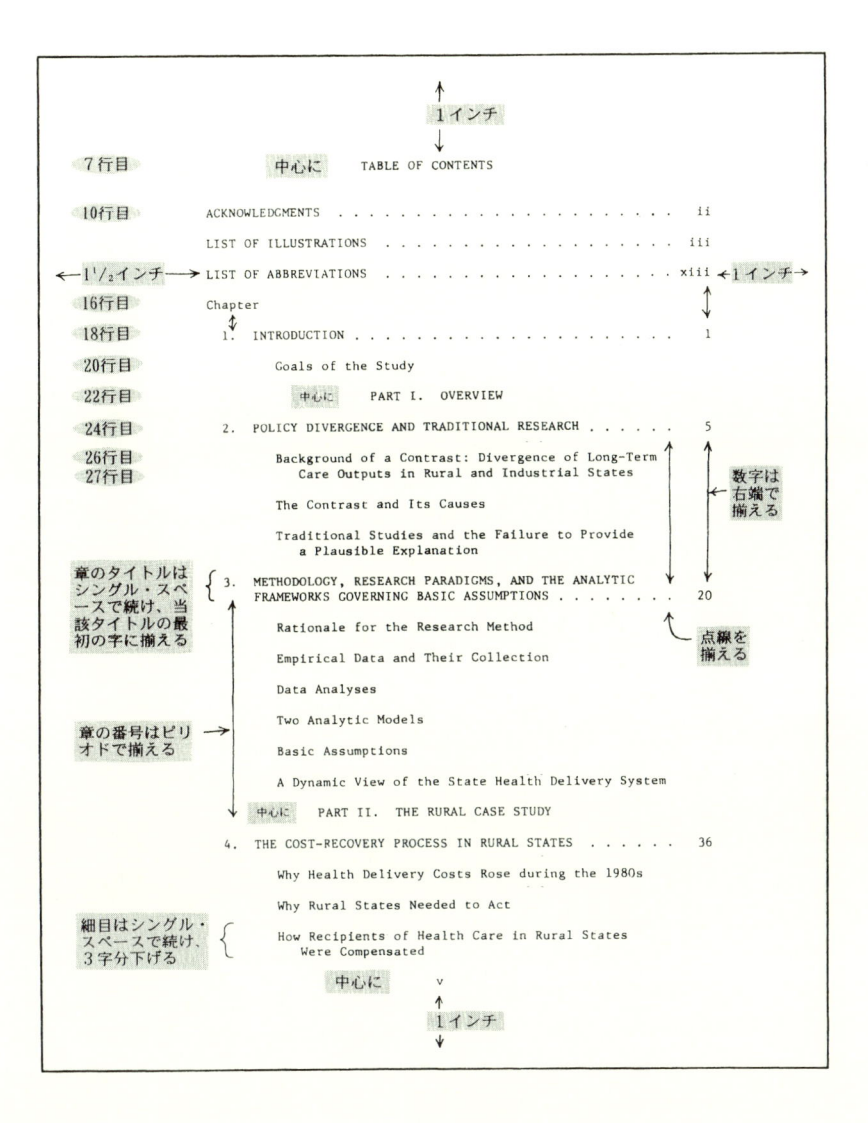

[シカゴ・マニュアル]　続き

（目　次）

```
                              ↑
                            1インチ
                              ↓
  7行目            中心に    TABLE OF CONTENTS

 10行目         ACKNOWLEDGMENTS . . . . . . . . . . . . . . . . . . . .   ii
               LIST OF ILLUSTRATIONS . . . . . . . . . . . . . . . . .  iii
←1½インチ→    LIST OF ABBREVIATIONS . . . . . . . . . . . . . . . .  xiii  ←1インチ→
 16行目        Chapter                                                       ↕
 18行目          1.  INTRODUCTION . . . . . . . . . . . . . . . . . . .   1
 20行目                Goals of the Study
 22行目                    中心に    PART I.  OVERVIEW
 24行目          2.  POLICY DIVERGENCE AND TRADITIONAL RESEARCH . . . .   5
 26行目                Background of a Contrast: Divergence of Long-Term
 27行目                  Care Outputs in Rural and Industrial States      ← 数字は
                                                                           右端で
                      The Contrast and Its Causes                          揃える

                      Traditional Studies and the Failure to Provide
                         a Plausible Explanation

                3.  METHODOLOGY, RESEARCH PARADIGMS, AND THE ANALYTIC
                    FRAMEWORKS GOVERNING BASIC ASSUMPTIONS . . . . . .  20
                                                                        ← 点線を
                      Rationale for the Research Method                   揃える

                      Empirical Data and Their Collection

                      Data Analyses

                      Two Analytic Models

                      Basic Assumptions

                      A Dynamic View of the State Health Delivery System

                            中心に    PART II.  THE RURAL CASE STUDY

                4.  THE COST-RECOVERY PROCESS IN RURAL STATES . . . . . 36

                      Why Health Delivery Costs Rose during the 1980s

                      Why Rural States Needed to Act

                      How Recipients of Health Care in Rural States
                        Were Compensated
                                    中心に     v
                                             ↑
                                          1インチ
                                             ↓
```

章のタイトルはシングル・スペースで続け、当該タイトルの最初の字に揃える

章の番号はピリオドで揃える

細目はシングル・スペースで続け、3字分下げる

[シカゴ・マニュアル]　続き

（本　文）

中心に　　　　　　CHAPTER I
中心に　　　　　REVISION OF *SONG OF MYSELF*

2インチ
13行目
15行目
18行目
1½インチ
1インチ
34行目
35行目
37行目
1行空欄に
中心に
1インチ

パラグラフは6字分下げる→　Whitman divided his poem *Song of Myself* into fifty-two sections. They are used for such structural and thematic analyses as those of Carl F. Strauch, James E. Miller, Jr., Roy H. Pearce, and Gay Wilson Allen,[1] or for such textual discussions as those of Frederick Schyberg, Floyd Stovall, Roger Asselineau, and William Sloan Kennedy.[2] Even those studies based on the 1855 edition, such as Jean Catel's psychological interpretation, Ivan Marki's textual study of the first edition, or Malcolm Cowley's introduction to that edition,[3] use the 1891 divisions to identify

最後の注は同一頁に

脚注は8字分下げる

[1]Carl F. Strauch, "The Structure of Walt Whitman's *Song of Myself*," *English Journal* 27 (September 1938, College Edition): 597-607; James E. Miller, Jr., "*Song of Myself* as Inverted Mystical Experience," *Whitman's "Song of Myself": Origin, Growth, Meaning* (New York: Dodd, Mead & Co., 1971), 168-78; Roy H. Pearce, "*Song of Myself*," *Whitman's "Song of Myself": Origin, Growth, Meaning*, ed. James E. Miller, Jr., 134-56; and Gay Wilson Allen, *Walt Whitman Handbook* (Chicago: Packard and Co., 1946), 116-21.

[2]Frederick Schyberg, *Walt Whitman*, trans. Evie Allison Allen (New York: Columbia University Press, 1951), 81-113; Floyd Stovall, *The Foreground of "Leaves of Grass"* (Charlottesville, Va.: University Press of Virginia, 1974); Roger Asselineau, *L'evolution de Walt Whitman* (Cambridge, Mass.: Belknap Press, 1962); William Sloan Kennedy, *The Fight of a Book for the World* (West Yarmouth, Mass.: Stonecroft Press, 1926), 160-75.

[3]Jean Catel, *Walt Whitman: La naissance du poete* (Paris: Les Editions Reider, 1929); Ivan Marki, *The Trial of the Poet* (New

1

注はシングル・スペース
注と注の間はダブル・スペース

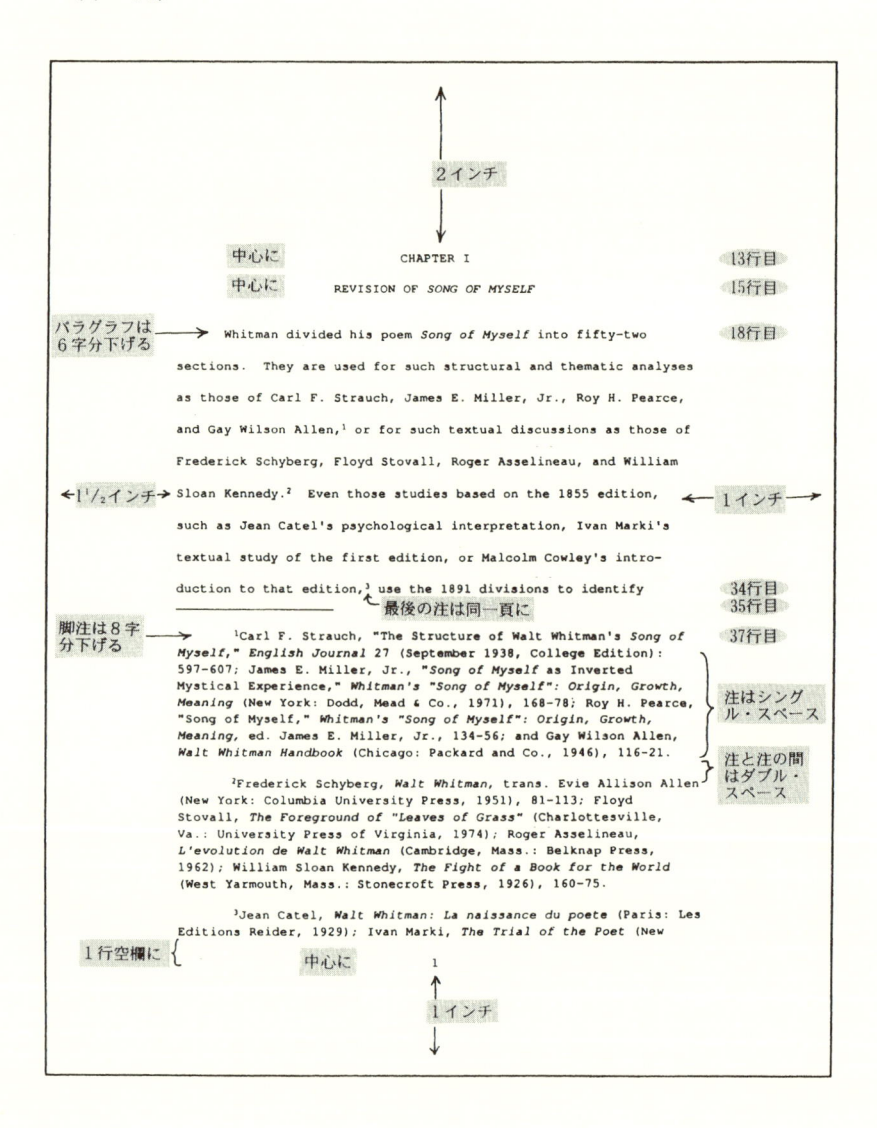

②MLAハンドブックの例
（本文1ページ目）

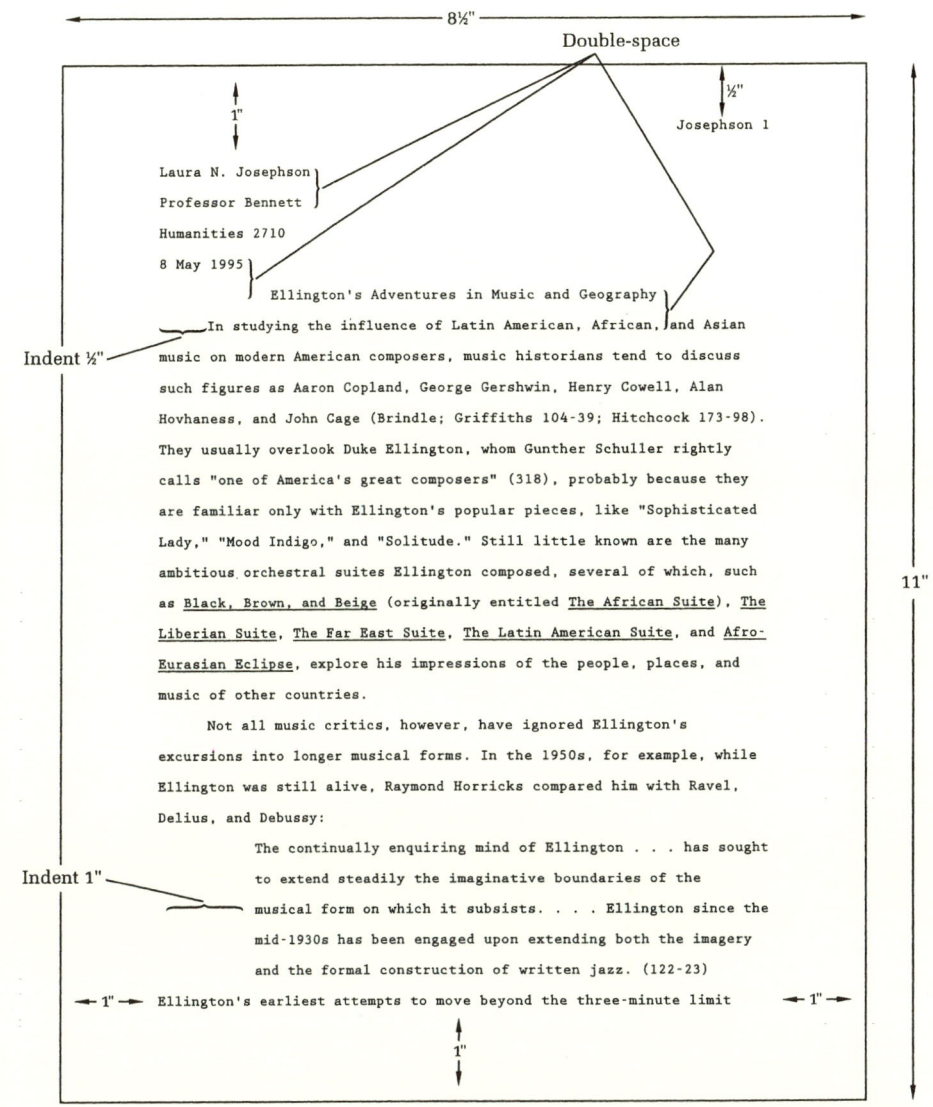

←——— 8½" ———→

Double-space

½"
Josephson 1

1"

Laura N. Josephson
Professor Bennett
Humanities 2710
8 May 1995

　　　　　　Ellington's Adventures in Music and Geography

Indent ½" —　　In studying the influence of Latin American, African, and Asian
music on modern American composers, music historians tend to discuss
such figures as Aaron Copland, George Gershwin, Henry Cowell, Alan
Hovhaness, and John Cage (Brindle; Griffiths 104-39; Hitchcock 173-98).
They usually overlook Duke Ellington, whom Gunther Schuller rightly
calls "one of America's great composers" (318), probably because they
are familiar only with Ellington's popular pieces, like "Sophisticated
Lady," "Mood Indigo," and "Solitude." Still little known are the many
ambitious orchestral suites Ellington composed, several of which, such
as <u>Black, Brown, and Beige</u> (originally entitled <u>The African Suite</u>), <u>The
Liberian Suite</u>, <u>The Far East Suite</u>, <u>The Latin American Suite</u>, and <u>Afro-
Eurasian Eclipse</u>, explore his impressions of the people, places, and
music of other countries.

　　Not all music critics, however, have ignored Ellington's
excursions into longer musical forms. In the 1950s, for example, while
Ellington was still alive, Raymond Horricks compared him with Ravel,
Delius, and Debussy:

Indent 1" —　　　　The continually enquiring mind of Ellington . . . has sought
　　　　to extend steadily the imaginative boundaries of the
　　　　musical form on which it subsists. . . . Ellington since the
　　　　mid-1930s has been engaged upon extending both the imagery
　　　　and the formal construction of written jazz. (122-23)

←1"→ Ellington's earliest attempts to move beyond the three-minute limit　←1"→

11"

1"

出所：Joseph Gibaldi, *MLA Handbook for Writers of Research Papers*. 4th ed. (New York: The Modern Language Association, 1995), p. 264.

[MLAハンドブック] 続き
(引用文献)

Josephson 15

Works Cited

Brindle, Reginald Smith. "The Search Outwards: The Orient, Jazz, Archaisms." *The New Music: The Avant-Garde since 1945*. New York: Oxford UP, 1975. 133-45.

Burnett, James. "Ellington's Place as a Composer." Gammond 141-55.

Ellington, Duke. *Afro-Eurasian Eclipse*. 1971. Fantasy, 1991.

---. *Black, Brown, and Beige*. 1945. RCA Bluebird, 1988.

---. *The Far East Suite*. LP. RCA, 1965.

---. *The Latin American Suite*. 1969. Fantasy, 1990.

---. *The Liberian Suite*. LP. Philips, 1947.

---. *Music Is My Mistress*. 1973. New York: Da Capo, 1976.

Gammond, Peter, ed. *Duke Ellington: His Life and Music*. 1958. New York: Da Capo, 1977.

Griffiths, Paul. *A Concise History of Avant-Garde Music: From Debussy to Boulez*. New York: Oxford UP, 1978.

Haase, John Edward. *Beyond Category: The Life and Genius of Duke Ellington*. Fwd. Wynton Marsalis. New York: Simon, 1993.

Hitchcock, H. Wiley. *Music in the United States: An Introduction*. 2nd ed. Englewood Cliffs: Prentice, 1974.

Horricks, Raymond. "The Orchestral Suites." Gammond 122-31.

Rattenbury, Ken. *Duke Ellington, Jazz Composer*. New Haven: Yale UP, 1990.

Schuller, Gunther. *Early Jazz: Its Roots and Musical Development*. New York: Oxford UP, 1968.

Southern, Eileen. *The Music of Black Americans: A History*. 2nd ed. New York: Norton, 1983.

Tucker, Mark, ed. *The Duke Ellington Reader*. New York: Oxford UP, 1993.

---. *Ellington: The Early Years*. Urbana: U of Illinois P, 1991.

出所：Gibaldi, *ibid*., p. 265.

③括弧方式の例

CHAPTER 5

Economic Analysis of Systemic Official Corruption

As explained in the previous chapters, the law and economics of development focus on the effects that well-functioning legal and judicial systems have on economic efficiency and development. Adam Smith states in his *Lectures on Jurisprudence* that a factor that "greatly retarded commerce was the imperfection of the law and the uncertainty in its application" (Smith 1978, 528). Entrenched corrupt practices within the public sector (i.e., official systemic corruption) hamper the clear definition and enforcement of laws, and, therefore, as Smith would say, commerce is impeded.

Systemic corruption within the public sector can be defined as the systematic use of public office for private benefit, resulting in a reduction in the quality or availability of government-provided goods and services (Buscaglia 1997). Corruption is systemic when a government agency only supplies a good or service if an unwilling and uncompensated transfer of wealth takes place between the market and the public sector (e.g., bribery, extortion, fraud, or embezzlement).

Rose-Ackerman (1997, 5) states that "widespread corruption is a symptom that the state is functioning poorly." Many other studies have also shown that the presence of perceived corruption retards economic growth, lowers investment, decreases private savings, and hampers political stability (Mauro 1995; Shleifer and

出所：Edgardo Buscaglia, *and* William Ratliff, *Law and Economics in Developing Countries* (Stanford, Calif.: Stanford University. Hoover Institution Press, 2000), p. 87.

[括弧方式の例]　続き

Saharay, H. K. 1988. *Labor and Social Laws in India*. Vol. 5, 34–45. Eastern Law House.
Santhanam Committee, Ministry of Home Affairs, 1994. Report by the Committee on Prevention of Corruption, Government of India.
Schlesinger, Rudolf B. 1959. "Common Law and Civil Law-Comparison of Methods and Sources." In *Comparative Law: Cases, Texts, and Materials*. Brooklyn: Foundation Press.
Seidman, Ann, and R. Seidman. 1996. "Drafting Legislation for Development: Lessons from a Chinese Project." *American Journal of Comparative Law* 44, no. 1: 1–16.
Seidman, Robert B. 1978. *State, Law, and Development*. New York: St. Martin's Press.
Shleifer, Andrei. 1994. "Establishing Property Rights." In *Proceedings of the World Bank at the Annual Conference*. Washington D.C.: World Bank.
Shleifer, Andrei, and R. Vishny. 1993. "Corruption." *Quarterly Journal of Economics* 10: 599–617.
Simpson, A. W. B. 1975. *A History of Common Law of Contract*. Oxford: Clarendon Press.
Smith, Adam. 1978. *Lectures on Jurisprudence*. Oxford: Oxford University Press.
Smith, Peter. 1993. "The Politics of Integration: Concepts and Themes." In *The Challenge of Integration: Europe and the Americas*, edited by Peter H. Smith. Coral Gables: University of Miami North South Center.
Snidal D. 1991. "Relative Gains and International Cooperation." *American Political Science Review* 85, no. 4: 1303–20.
Spain, Larry. 1994. "Alternative Dispute Resolution for the Poor: Is It an Alternative?" *North Dakota Law Review* 70, no. 269: 270–99.
Stokes, Bruce. 1997. "The Chinese Challenge." *Financial Times,* April 12.
Stone, Andrew, B. Levy, and R. Paredes. 1992. "Public Institutions and Private Transactions: The Legal and Regulatory Environment for Business Transactions in Brazil and Chile." Policy Research Working Paper series 891, World Bank.
Terrell, Timothy. 1987. "Rights and Wrongs in the Rush to Repose: On the Jurisprudential Dangers of Alternative Dispute Resolution." *Emory Law Journal* 36, no. 54: 541–56.
Tokman, Victor. 1992. *Beyond Regulation: The Informal Economy in Latin America*. Boulder: Lynne Rienner.
Tokman, Victor. 1989. "Policies for a Heterogeneous Informal Sector in Latin America." *World Development* 17: 1067–76.
Trebilcock, Michael. 1997. "What Makes Poor Countries Poor? The Role of Institutional Capital in Economic Development." In *The Law and Economics of Development*, edited by E. Buscaglia, W. Ratliff, and R. Cooter. Greenwich: JAI Press.
Trebilcock, Michael. 1983. "The Prospects of Law and Economics: A Canadian Perspective." *Journal of Legal Education* 33: 288–90.
Trubek, E. 1972. "Towards a Social Theory of Law: An Essay on the Study of Law and Development." *Yale Law Journal* 82, no. 1: 1–18.

出所：Buscaglia, *and* Ratliff, *ibid*., p. 87.

④脚注方式の例

この脚注は、ブルーブックのルールに拠って作成されている。

---

304   Trilateral Perspectives on International Legal Issues

II. INTERNATIONAL HARMONIZATION IN LEGAL SYSTEMS

a. Background

  As industrial activities become more globalized, the scope of legislation related to those activities has expanded to encompass certain domestic affairs. Moreover, in many legislative areas, international organizations and bilateral arrangements for there to be international coordination. The Treaty on European Union (Maastricht Treaty) and the North American Free Trade Agreement (NAFTA), both provide a basis for member countries to reduce and eliminate their own legislative restrictions in order to create a more vigorous environment for all member countries of the region. Japan must contribute to the construction and maintenance of these evolving international frameworks and activities contrary to the framework must be corrected on the basis of international rules.

b. Investment and Trade Law

  Protectionist activities, such as opposition to interdependence and "unfair" trade, are evident even today. In the European Community, for example, international law is commonly used to restrain trade, notably through antidumping taxes for parts and components[15] in response to an alleged GATT infraction, or through antidumping regulations. In the United States, when an "unfair" trade practice has been identified, unilateral remedial measures are provided for by the Omnibus Trade and Competitiveness Act.[16] Efforts to restrict trade are also evident through the combined use of country-of-origin rules, antidumping measures, and import quotas. There is also a large body of protectionist legislation that applies to inward foreign investment. In both the EC and the United States, there have been efforts to increase limitations on investment by foreign interests.[17] Judgments in cases which impose punitive tarrifs regarding parts dumping also distort investment.

  Because of the expansion of trade in high-tech goods and services, a goal of the GATT Uruguay Round was to establish a new framework of international economic law which covers fields hitherto not within the scope of international trade agreements, trade-related investment measures (TRIMs),[18] trade-related aspects of intellectual property rights (TRIPs), or the trade in services. Individual

---

  15. MASAO SAKURAI, KOKUSAI KEIZAI HŌ [INTERNATIONAL ECONOMIC LAW], ch. 8, sec. 1 (EC Antidumping Tax on Parts and Components) (1992).
  16. Pub. L. No. 100–418, 102 Stat. 1176, 1176–1179 (1988).
  17. SAKURAI, *supra*, note 15, at ch. 21 (national legal systems of inward foreign investment in the United States).
  18. *Id.* at ch. 15 (trade-related investment measures).

出所：Masao Sakurai, "Japanese Law and Policy for Globalization of Industry and the Corporation," in *Trilateral Perspectives on Interanational Legal Issues* (Irvington, N.Y.: Transnational Publishers, 1996). p. 304.

(2) 縦書きの場合

i　慶應義塾大学大学院法学研究科の例

　以下は、慶應義塾大学の平成15年度『大学院履修案内』のうち法学研究科について説明したものから抜粋したものである。①は学位請求論文の作成に関する記述であり、②は大学院生のための『法学政治学論究』誌への投稿に関する記述である。

　　①学位請求論文作成について

> 1. 使用言語について
>   　修士論文および博士論文は原則として日本語で作成すること。ただし、日本語で作成・提出しないことに積極的理由がある場合には、外国語で作成することを認めることがある。この点については指導教授に必ず相談すること。
>   　学位請求論文を外国語で作成しようとする者は、論文提出に先立って、使用する外国語名、論文レジュメ、当該外国語で論文を作成することの理由を説明した文書を指導教授の手を経て法学研究科委員会に提出し、承認を得なければならない。
>   　文書提出の時期は、修士課程で提出しようとする年度の4月から7月（ただし、法学研究委員会開催の1週間前まで）と、後期博士課程では論文提出予定月の6か月前（ただし、法学研究科委員会の1週間前）までである。
> 2. 製本について
>   (1)学位論文は、原則として「A4版縦」とする。
>   　①縦書き、横書きの別は問わない。
>   　②ワープロ使用が望ましい。
>   (2)製本について
>   　①本文の縦書き、横書きにかかわらず、原則として「A4版縦」で製本する。
>   　　（縦書きの場合は右綴じ、横書きの場合は左綴じとする）
>   　②製本の表紙は、本文の縦書き・横書きに合わせるものとする。
>   　③製本の背文字は、本文の縦書き・横書きに係らず縦書きと

> する。
> 　④製本時のレイアウト、表示内容は、‥‥見本を参照のこと。
> 　⑤製本は、黒表紙で、白または金文字とする。
> (3)製本の部数について
> 　学位論文は、審査のため3部提出する。3部とも製本することが望ましい。

筆者注ー上記『大学院履修案内』に別途収録の論文指導採点申請書の注意事項では、「業績は原則として200字詰原稿用紙換算で240枚以上でなければ、申請書は受理できない」とされている。

＜学位請求論文製本表紙見本＞

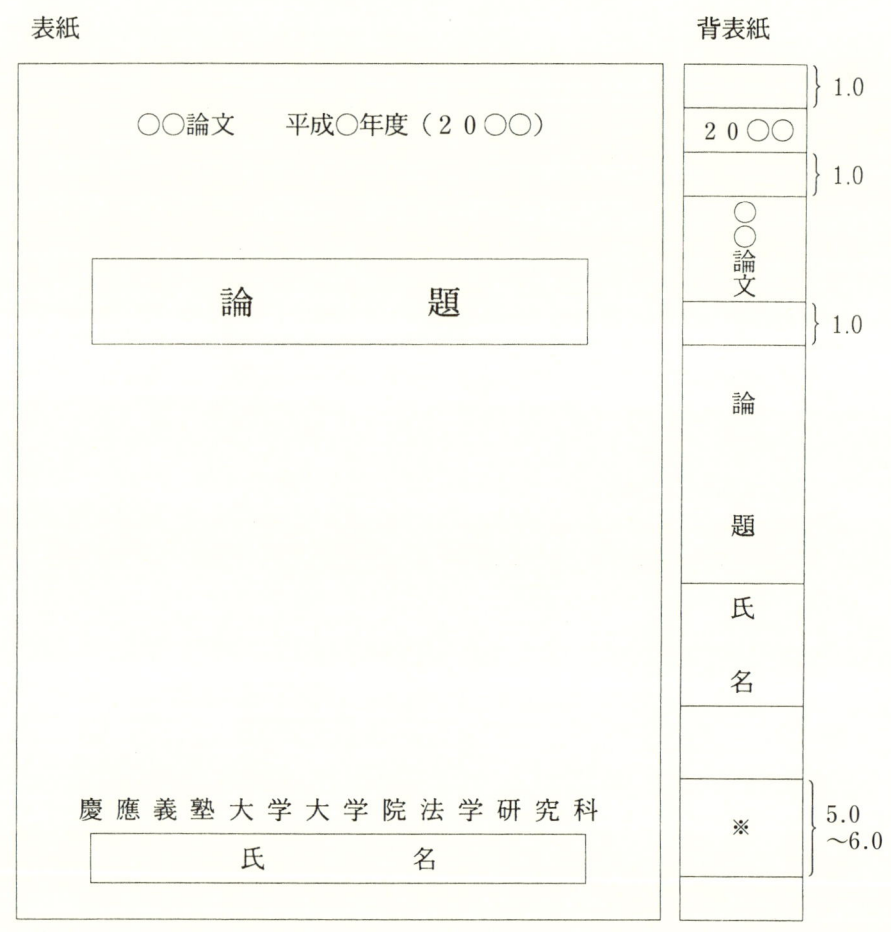

表紙　　　　　　　　　　　　　　　　　　　背表紙

○○論文　　平成○年度（２０○○）

論　　　　題

慶應義塾大学大学院法学研究科
氏　　　　名

背表紙：
} 1.0
２０○○
} 1.0
○○論文
} 1.0
論題
氏名
※

} 5.0〜6.0

※ここにメディアセンターがラベルを貼ることがある。

㋺『法学政治学論究』について（2002年5月以降適用）

『法学政治学論究』

1　投稿資格 ┐
　　～　　　├ 省略
11　問合せ先 ┘
12　執筆要領
　Ⅰ　原稿について
　　・表記が論文の中で、不統一にならないように細心の注意を払うこと。
　　・誤字脱字がないように注意すること。
　　・日本語として正確な表現であるかまたは適切な表現であかを、チェックすること。
　Ⅱ　原稿の体裁について
　　①標題
　　　・審査に際し、誰が著者であるかを伏せるために第一頁には、標題のみを書く。なお、別に、原稿と同様の紙に標題、氏名および在籍大学院名、課程、学年もしくは在職機関名と地位を書いて添付すること。
　　②目次
　　　・用紙をあらため、章・節相当の見出し（③参照）のみで作成する。
　　③本文
　　　・用紙をあらためて書き出すこと（目次の余白に続けて書き出さない）。
　　　・見出しには、第、章、節等の文字を使用せず（スペースの余裕がないため）、見出し番号は以下に統一する。
　　　　　　章　一、二、三 ……………………………
　　　　　　節　㈠、㈡、㈢ ……………………………
　　　　　　項　1、2、3 ……………………………
　　　　　　目　(1)、(2)、(3) ……………………………
　　　・見出し番号と見出し文句との間は1字開けて、点はつけない。本文における、章、節相当の見出しの前後は

1行あける。
・本文中で既に発表された自説に言及する場合、著者が誰であるかを伏せるため、その学説の主張者として氏名を書き、「私がかつて指摘したように…」といった、この論文の著者が誰であるかわかるような表現は用いないこと。
・引用文は、引用文であることを明示するため、鉤括弧でくくる。長文の引用の場合は、独立した段落とすることが望ましいが、その際には、本文よりも1字下げて書く（原則として、本文よりも小さな活字で組むので、括弧は不要）。
・ワープロソフトで執筆する際、和文は等幅フォントの全角、欧文は等幅フォントの半角を用いること、日本語のフォントと欧文のフォントは同じものを用いること。サイズは11ポイント以上とすること。

④注
・注は文末注とし、本文末尾に一括して掲げる。番号は全体を通し番号とする。ワープロソフトの注機能を使用しない場合、体裁は①とする。注の書き出しは、用紙をあらため、行頭1字に①を書き、1字あけて注本文を書く。注本文が2行以上にわたる場合は、2字目から続ける。なお、ワープロソフトの注機能を使用する場合、体裁は半角算用数字とする。注のフォントも本文と同じものを用い、サイズは11ポイント以上とする。（「マイクロソフト・ワード」の注機能を用いる場合には、本文を40字20行に設定した上で、脱稿後あらためて注を編集し、行間を2行とるように体裁を整えることとする（後記「マイクロソフト・ワード」の場合の設定事項③を参照）。「一太郎」の場合には本文の体裁が注の領域の行間には反映されるか、フォントサイズには反映されない可能性があるので、念のため注の領域を全選択して11ポイントとすること。）
・著者が誰であるかを伏せるため、引用文献の著者名については氏名を書き、拙著、拙稿等の語は使用しない

こと。
⑤図表
・図および表の原稿は、本文原稿とは別にし、組込箇所を本文原稿中の希望箇所上部に「表一入る」という形で指示する（ただし、組み上がりの体裁上、必ずしも指示通りに行かない場合がある）。
・図および表は、1点ごとに1枚に書くこと（1点が数枚にわたったり、数点を1枚に書いたりしない）。
・手書きの場合、図は、方眼紙に少し大きめに、表は集計用紙に書くことが望ましい。用紙は本文原稿用紙と異なってもよい。
・見出しは、表一、図一という形に統一する。
⑥その他
・原稿は必ずダブル・クリップで綴じること。
・図および表の原稿は別に綴じ、本文原稿からの通し番号を付す。

Ⅲ　提出形式について
・原稿は、以下の形式にのっとって作成し提出すること。
①活字原稿（ワープロソフトからプリントアウトした原稿、ならびにそのファイルとテキストファイルの二つを保存したフロッピー・ディスク）を提出する。
②ワープロソフトのファイルで提出する者も、不測の事態に備えてテキストファイルを必ず添付すること。
③ワープロソフトによる提出の場合、フロッピー・ディスクのラベルにも、論文の総行数を記載することとする。「マイクロソフト・ワード」の場合、「ツール」―「文字カウント」で文末注を含めた行数が、論文の総行数となる。「一太郎」の場合、「ツール」―「文書の文字数」で「脚注も数える」をチェックした状態の行数が、論文の総行数となる。
・提出物の注意点
①論文は紙に打ち出した原稿とともに、その原稿を作

成ししたワープロソフトのファイル、およびテキストファイル（MS-DOS形式）の二つのファイルを保存したフロッピー・ディスクを必ず提出すること。提出するテキストファイルでは、注もテキストとして打ち出す。また、フロッピー・ディスクのラベルに使用オペレーション・システム（Windows／Macなど）、使用ソフト名とバージョンを記す。

②原則として、1.44MBで初期化（フォーマット）した2HDのフロッピー・ディスクで提出する。

③審査は紙面によって行われるため、万が一両者の内容が異なる時、紙面の方が優先される。

・打ち出し時の注意点

①横書きまたは縦書きのいずれでもよい。横書きの場合は、Ａ4版・無地（無罫線）の用紙を縦書きにして打ち出す。縦書きの場合は、Ａ4版・無地（無罫線）の用紙を横書きにして打ち出す。

②本文も注も、ともに文字は11ポイント以上の大きさにすること。

③文字以外の論文の要素（図および表）は、本文中に含めず、別紙に1枚ずつ印刷し、本文原稿中に組込箇所を指示すること（指示方法は前記Ⅱ⑤）。表などをエクセル等のソフトで作成した場合は、印刷所で利用できる場合もあるので、原稿ファイルとは別ファイルとして，同一のフロッピー・ディスクに保存して提出すること。

④固有名詞などについてJIS漢字コードに規定されている以外の漢字を使用する場合や、機種依存の特殊文字や記号については、原稿には別の記号（例えば■、★、＝など）を仮に入力しておき、後で、打ち出した原稿に赤字で手書きすること。なお中国簡体字は可能な限り、JIS漢字コードに定められている漢字に置き換えること。注などにおいてギリシア、ロシア、アラビア各文字やハングル等を使用する場合には、あらかじめ編集委員会に問い合わせ、指示を

受けること。

「マイクロソフト・ワード」の場合の設定事項
　　　　　　　　　　（Microsoft Word 2002による）
① 「ページ設定」
　投稿規定に定められているとおり、1頁40字×20行とする。余白は、上下左右とも25mmとする。
　（操作）「ファイル」―「ページ設定」
　　―「文字数と行数」
　　●「文字数と行数を指定」、文字数40字、行数20とする。
　　●「フォントの設定」、日本語・英数字用ともに等幅の明朝体（MS明朝・JS明朝など）で11ポイントとする。
　　―「余白」
　　●上下左右とも25mmと設定する。
② 句読点（句読点も全角に設定）
　（操作）「ツール」―「オプション」
　　―「文字体裁」
　　●「文字間隔の調整」を「間隔をつめない」と設定する。
③ 「注」
　「マイクロソフト・ワード」の場合、本文のページ設定が注の領域に反映されない場合がある。したがって注の領域は、執筆が終了した段階で以下のように体裁を整えることとする。
　　1　注の領域を全選択する。
　　2　「書式」―「段落」で、行間を「2行」と設定する。
④ オートコレクト機能
　オートコレクト機能の「箇条書き」の機能をオフにすること。
　（操作）「ツール」―「オートコレクトのオプション」の「入力オートフォーマット」の項目で、箇条書き

の項目のチェックマークを外す。

「一太郎」の場合の設定事項
　　　　　　　　　　　（一太郎　バージョン11による）
①「文書スタイル」
　投稿規程に定められているとおり、1頁40字×20行とする。余白は、上下左右とも25mmとする。
　（操作）「ファイル」─「文書スタイル」─「スタイル」と進むと出てくる。
　　─「文書スタイル」の画面で
　　●「字数・行数優先」にチェックマークを入れる。字数40字、行数20行とする。
　　●同一画面の「マージン」の欄で上端、下端、左端、右端ともに25mmと設定する。
　　●同じ「文書スタイル」の画面で「フォント」の画面を開き、「和文フォント」の欄を等幅の明朝体（MS明朝・JS明朝等）と選択し、「欧文フォント」の欄で「和文フォント」を選択する。同一画面の「文字サイズ」の欄でフォントのサイズを11ポイントとする。
②「注」
　文末注とする設定等は次の通り。
　（操作）─「脚注／割注／注釈」と進んで、
　　─「脚注」の画面で、
　　●「脚注オプション」を選択して、その画面で脚注番号の数字種類を選択して半角アラビア数字に設定する。
　　●同一画面下部の「脚注エリアの位置」を文書末に設定する。

新投稿規程実施に関する注意点
　（省略）

ii 慶應義塾大学法学部『法学研究』の特定論文の例

グローバリゼーションとオーストラリア
―― グローバリゼーションが生んだハンソン論争 ――

関根 政美

はじめに
一 ハンソン論争とは
 (一) 一九九六年のハンソン論争
 (二) 一九九七年前半のハンソン論争
二 ハンソン論争の背景としてのグローバリゼーション
三 戦後オーストラリアのグローバリゼーション
 (一) アジア・太平洋国家化
 (二) 多文化社会化
四 アジア・太平洋国家化と国内経済改革
五 アジア・太平洋国家化と多文化社会化の社会的帰結
六 グローバリゼーションの社会的帰結

1

はじめに

グローバリゼーション（Globalisation）は、人々の日常生活にどのような影響をもたらしているのだろうか。それは、人々を幸福にするものであろうか。それとも人々に不安や焦燥をもたらすのであろうか。かつて、グローバリゼーションは西欧近代の世界的普及過程であると考えられ、非西欧の人々も西欧で生じた工業化と資本主義（あるいは社会主義）制度を受け入れ、経済成長を果たして物質的豊かさを手に入れて文化・社会面での西欧化・近代化を進める過程とみなされていたが、今日では大分異なった観点から論じられるようになっている (Cvetkovich and Kellner, 1997: 13-4; Axford, 1995: 23-4)。本稿では、グローバリゼーションのもたらした社会的帰結について、現代オーストラリア社会を材料に考察を加えてみたい。

参考文献

アンダーソン、ベネディクト、（一九九三）〈遠隔地ナショナリズム〉の出現」『世界』（五八六）、一七九—九〇頁。

Axtmann, Roland, 1997, "Collective Identity and the Democratic Nation-State in the Age of Globalization, in Cvetkovich and Kellner eds.:54.

Axford, Barrie, 1995, *The Global System: Economics, Politics and Culture*. Oxford: Polity Press.

Bauman, Zygmunt, 1977, *Postmodernity and Its Discontents*, Oxford: Polity Press.

Cvetkovich, Ann and Douglas Kellner, 1997, "Introduction: Thinking Global and Local", in Cvetkovich and Kellner eds.: 1-30.

Cvetkovich, Ann and Douglas Kellner, eds., 1997, *Articulating the Global and Local*, Boulder, Colorado: Westview Press.

iii 慶應義塾大学文学部の例

　前述のように、当学部では縦書きの卒業論文も認められている。教務課は、説明書のなかで次のような表紙レイアウトを示している。

```
┌─────────────────────────────────────────┐
│                                     縦   │
│                                     書   │
│                                     き   │
│                                     表   │
│                                     紙   │
│                                     見   │
│                                     本   │
│                                          │
│                         一                │
│                         九                │
│                         九                │
│                         八                │
│                         （                │
│                         平                │
│                         成                │
│              ┌──┐     一                │
│              │論│     ○                │
│              │  │     ）                │
│              │文│     年                │
│              │  │     度                │
│              │題│                        │
│              │  │     卒                │
│              │目│     業                │
│              └──┘     論                │
│                         文                │
│                                          │
│    学 慶                                 │
│    籍 應                                 │
│    番 義                                 │
│    号 塾                                 │
│  氏   大                                 │
│    □ 学                                 │
│    □ ○                                 │
│    □ ○ 　                               │
│    □ ○ 文                               │
│  名 □ 学 　                             │
│    □ △ 部                               │
│    □ △                                 │
│    □ △                                 │
│    □ △ 　                               │
│      　 専                               │
│      　 攻                               │
│                                          │
└─────────────────────────────────────────┘
```

　筆者注―横書きの場合と同様に、これ以上の細かい規定はない。したがって、大きさを
　　　　Ａ４とＢ５のいずれにするか等の点はすべてそれぞれの指導教授に任されている。

ⅳ 早稲田大学出版部編『卒論・ゼミ論の書き方』の例

　これは『卒論・ゼミ論の書き方』の旧版（1984年）に収録されたものである。

```
指導教授  甲野乙郎 教授

題目    北一輝と二・二六事件
       ―その思想的影響について―

              東都大学文学部史学科日本史専攻
              四四―三六四二

                              大　山　三　郎
```
（表紙）

```
北一輝と二・二六事件
―その思想的影響について―

              大　山　三　郎
```
（背）

資料2 ユネスコ雑誌名略語リスト（抜粋）

出所：*International Bibliography of Political Science.*
Paris : UNESCO, 1953.

Adalet Derg.	Adalet Dergisi.	Ankara.
Aff. extér.	Affaires extérieures.	Ottawa.
Affrica	Affrica.	Roma.
Africa	Africa.	Madrid.
Afr. Aff.	African Affairs.	London.
Afr. Wld.	African World.	London.
Afr. et Asie	Afrique et Asie.	Paris.
Amer. Anthropol.	American Anthropologist.	New York.
Amer. J. Econ. Sociol.	American Journal of Economics and Sociology.	Chicago.
Amer. J. int. Law	American Journal of International Law.	Washington.
Amer. polit. Sci. R.	American Political Science Review.	Madison, Wis.
Amer. slav. East. Europ. R.	American Slavic and East European Review.	New York.
Amer. sociol. R.	American Sociological Review.	Menasha, Wis.
Ankara Syasal Bilgiler Derg.	Ankara Syasal Bilgiler Dergisi.	Ankara.
Annales	Annales (Économies-Sociétés-Civilisations).	Paris.
A. Dr. Sci. polit.	Annales de droit et de science politique.	Louvain.
A. Univ. sarav. Philos.	Annales universitatis saraviensis, philosophie-lettres.	Sarrebruck.
A. Amer. Acad. polit. soc. Sci.	Annals of the American Academy of Political and Social Science.	Philadelphia, Pa.
A. Hitotsubashi Acad.	Annals of the Hitotsubashi Academy.	Tokyo.
A. Org. Amer. States	Annals of the Organization of American States.	Washington.
Année polit. écon.	Année politique et économique.	Paris.
Anti-revolut. Staatkunde	Anti-Revolutionnaire Staatkunde.	Nederland.
Arbitr. J.	Arbitration Journal.	New York.
Arbor	Arbor.	Madrid.
Archiv öff. Rechts	Archiv des öffentlichen Rechts.	Tübingen.
Archiv Völkerrechts	Archiv des Völkerrechts.	Tübingen.
Arhiv prav. druŝt. Nauké	Arhiv za pravne i druŝtvené Nauké.	Beograd.
Asiat. R.	Asiatic Review.	London.
Aussenpolitik	Aussenpolitik.	Stuttgart.
Austral. Quart.	Australian Quarterly.	Sydney.
Austral. Outlook	Australian Outlook.	Sydney.
Austral. Neighb.	Australia's Neighbours.	Melbourne.
Bestuurswetenschappen	Bestuurswetenschappen.	's Gravenhage
Bol. Inst. Der. comp. México	Boletin del Instituto de Derecho comparado de México.	México.
Bol' ŝevik	Bol' ŝevik.	Moskva.
Brit. J. Psychol. (statist.)	British Journal of Psychology (Statistical section).	London.
Brit. J. Sociol.	British Journal of Sociology.	London.
Brit. Surv.	British Survey.	London.
B. Dr. tchécoslov.	Bulletin de droit tchécoslovaque.	Prague.
Bull. U.I.V.	Bulletin de l'U.I.V.	La Haye.
Bull. N.U.	Bulletin des Nations Unies.	Genève.
B. int. Sci. soc.	Bulletin international des sciences sociales.	Paris.
B. atomic Scientists	Bulletin of the Atomic Scientists.	Chicago.
C. Bruges	Cahiers de Bruges.	Bruges.
C. Communisme	Cahiers du communisme.	Paris.

資料3　コロンビア、ハーバード、ペンシルバニア、エール大学共通『ブルーブック』雑誌略語リスト（抜粋）

Adelaide Law Review	ADEL. L. REV.
Administrat[ive, or, ion]	ADMIN.
Administrative Law Journal	ADMIN. L.J.
Administrative Law Journal of American University	ADMIN. L.J. AM. U.
Administrative Law Review	ADMIN. L. REV.
Air Force Law Review	A.F. L. REV.
Akron Law Review	AKRON L. REV.
Alabama Law Review	ALA. L. REV.
Alaska Law Review	ALASKA L. REV.
Albany Law Journal of Science & Technology	ALB. L.J. SCI. & TECH.
Albany Law Review	ALB. L. REV.
American Bankruptcy Law Journal	AM. BANKR. L.J.
American Bar Association Journal	A.B.A. J.
American Bar Foundation Research Journal	AM. B. FOUND. RES. J.
American Criminal Law Review	AM. CRIM. L. REV.
American Indian Law Review	AM. INDIAN L. REV.
American Journal of Comparative Law	AM. J. COMP. L.
American Journal of Criminal Law	AM. J. CRIM. L.
American Journal of International Arbitration	AM. J. INT'L ARB.
American Journal of International Law	AM. J. INT'L L.
American Journal of Jurisprudence	AM. J. JURIS.
American Journal of Law & Medicine	AM. J.L. & MED.
American Journal of Legal History	AM. J. LEGAL HIST.
American Journal of Trial Advocacy	AM. J. TRIAL ADVOC.
American Law Reports	A.L.R.
American University Journal of Gender and the Law	AM. U. J. GENDER & L.
American University Journal of International Law and Policy	AM. U. J. INT'L L. & POL'Y

資料4　ユネスコ『国際文献目録―政治学』(抜粋)

出所：資料2に同じ。

1-1336　SCHWARZ (S. M.). "Revising the history of Russian colonialism". *For. Aff.* 30 (3), Apr. 52 : 488-493.

333　Comparative studies / Études comparatives

1-1337　JACQUET (L.G.M.). "Britse en Russische imperiale systemen" (British and Russian imperial systems). *Int. Spectator* 6 (1), 9 Jan. 52 : 2-8.

34　PUBLIC MANAGEMENT / GESTION ADMINISTRATIVE
341　Administrative practice / Méthodes administratives

1-1338　AKZIN (B.). *Ikarei haminhal hatsibouri* (Principles of public administration). Tel Aviv, Dvir Co. Ltd, 52, 267 p.

1-1339　ALVAPILLAI (K.). "Public administration and public opinion". *J. publ. Adm. (Ceylon)* 2 (1), Oct. 52 : 39-45.

1-1340　ANDERSEN (E.). "Strøtanker om forvaltningens forenkling" (Thoughts on administrative simplification). *Nord. adm. Tss.* 33 (2), 52 : 163-175.

1-1341　APPLEBY (P. H.). *Morality and administration in democratic government.* Baton Rouge, Louisiana State U.P., 52, xv + 261 p. C.R. : N. D. GRUNDSTEIN, *A. Amer. Acad. polit. soc. Sci.* 284, Nov. 52 : 172-173; G. A. GRAHAM, *Amer. polit. Sci. R.* 46 (4), Dec. 52 : 1175-1177.

1-1342　ASCHER (C. S.). "Human relations in administration". *Public Health News* 33, Nov. 52 : 299-302.

1-1343　BALEEIRO (A.). "Política e Administração" (Politics and administration). *Dig. econ.* 9 (97), Dec. 42 : 48-59.

1-1344　BANERJEA (B. N.). *Administrative studies.* Calcutta, Bengal publishers, 52, 22 p.

1-1345　BERNSTEIN (M. H.). "The Scope of public administration". *West. polit. Quart.* 5 (1), Mar. 52 : 124-137.

1-1346　BROMAGE (A. W.). "The Art of management". *Publ. Management* 34 (11), Nov. 52 : 242-245.

1-1347　BROMAGE (A. W.). "Reducing the city council's work load". *Publ. Management* 34 (4), Apr. 52 : 74-76.

1-1348　CAMPBELL (C. M.), ed. *Practical applications of democratic administration.* New York, Harper & Brothers, 52, x + 325 p. C.R. : C. A. COOK, *Amer. sociol. R.* 17 (5), Oct. 52 : 637-638.

1-1349　CLAPP (M. C.). "Management improvement in Puerto Rico". *Publ. Adm. R.* 12 (1), Wint. 52 : 27-35.

1-1350　CLARK (W. C.). "Public administration and private interest". *A. Amer. Acad. polit. soc. Sci.* 280, Mar. 52 : 67-76.

1-1351　CLARKE (C. E.). "The Use of figures in administration". *J. publ. Adm. (Ceylon)* 2 (1), Oct. 52 : 50-54.

1-1352　COLLINS (C.). *Public administration in Ceylon.* London and New York, Royal Institute of International Affairs, 52, 162 p.

1-1353　COLLINS (C.). *Public administration in Hong Kong.* London and New York, Royal Institute of International Affairs, 52, 189 p.

1-1354　CORSON (J. J.). "Características distintivas da administração pública" (Distinctive features of public administration). *R. Serv. públ.* 15 (2), Nov. 52 : 63-67.

1-1355　DALURZO (B. F.). "Servicio público. Sistemas de prestación. El servicio público en nuestro país" (Public utility. The public utility in our country). *R. Cienc. jur. soc.* 14 (72-73), 52 : 241-284.

243

資料5 『経済学文献季報』（抜粋）

384 市場経済移行と金融改革（福田 亘）．国民経済雑誌 172(3), p129-147 (1995.9)
385 市場経済理論の諸問題——一般的分析について（アリモーヴァ タマラ・デミテリィエウナー著；買買提 力提甫訳）．北見大論集 (34), p311-318 (1995.10)
386 市場の多層的調整機構（上）——最短期と短期における価格・数量調整（西部 忠）．経済学研究（北海道大） 45(4), p69-95 (1996.3)
387 A short-and long-run theory of price under conditions of imperfect competition (Greenhut, Melvin L. ; Norman, George ; Greenhut, John G.). 青山経済論集 46(4), p34-68 (1995.3)
388 総計一致命題と価値論（佐藤 努）．日福大経済論集 (12), p119-140 (1996.1)
389 テレビ産業における寡占体制の形成（平本 厚）．経済学（東北大） 56(4), p139-151 (1995.1)
390 Timing of introducing the new type of durable goods (Hatanaka, Kaori). 経済学紀要（亜細亜大） 20(1), p67-79 (1996.3)
391 取引薄の市場の外部性と協調失敗（北村 宏隆）．経済集志 65(2), p73-90 (1995.7)
392 ワルラス均衡下の資産評価モデルと資源配分の効率性（砂川 伸幸）．経営・研究年報 42-上, p191-229 (1996)

02.33 分配・消費・貯蓄

393 二部門均衡蓄積軌道に発生するカオスについて（松尾 匡）．産業経済研究 36(3), p103-108 (1995.12)
394 An analysis of savings pattern between Korea and Japan (Kang, J. M. ; Cho, Jaeho). 経済学論叢（福岡大） 40(3/4), p329-354 (1996.3)
395 B自動車の賃金制度と労使交渉（1）（畑 隆）．山口経済学雑誌 44(1/2), p27-52 (1995.9)
396 B自動車の賃金制度と労使交渉（2）（畑 隆）．山口経済学雑誌 44(3/4), p35-63 (1996.1)
397 賃金決定メカニズムと社会関係（小野 進）．立命館経済学 44(4/5), p1-40 (1995.12)
398 賃金決定理論と明治・大正期の労働「市場」（小野 進）．立命館経済学 44(3), p158-208 (1995.8)
399 賃金率変動の効果——ケインズと古典派（堀江 義）．経済論集（関西大） 46(1), p55-66 (1996.4)
400 A connection of post Keynsian long run income distribution theory with nonlinear dynamics —— A time-spacial dynamic model of Keynsian general equations in three dimentional world (Koyama, Shinya). 経世論集 (22), p148-187 (1996.4)
401 Effects of zone delineation on the results of a destination choice model —— A case study of a model that incorporates the effect of multiple stops (Takahashi, Shigeo). 青山経済論集 46(4), p241-250 (1995.3)
402 不確実性と情報の経済理論（成生 達彦）．南山経営研究 10(2), p321-353 (1995.10)

<著者紹介>

櫻井　雅夫（さくらい・まさお）

1935年東京生まれ．
慶應義塾大学法学部卒．法学博士．
前慶應義塾大学教授．現青山学院大学研究員．
専攻：国際経済法
主著：『国際経済法の基本問題』慶應義塾大学出版会，1983年．
　　　　青山学院学術褒賞
　　　『国際経済法研究』東洋経済新報社，1977年．優良選定図書
　　　『国際経済法』新版．成文堂，1997年．慶應義塾賞
　　　『国際機構法』第一法規出版，1993年．
　　　『国際開発協力法』三省堂，1994年．
　　　『新国際投資法』有信堂，2000年．
　　　『国際関係法入門』有信堂，2004年．
　　　『カントリー・リスク』有斐閣，1982年．
　　　『ASEANにおける貿易・投資の自由化の法的仕組み』
　　　　日本アセアンセンター，1998年．三井物産貿易奨励会大賞

レポート・論文の書き方　上級　改訂版

1998年11月10日　初版発行
2003年10月25日　改訂版第1刷発行
2014年 7月25日　改訂版第5刷発行

著　者　―――― 櫻井雅夫
発行者　―――― 坂上　弘
発行所　―――― 慶應義塾大学出版会株式会社
　　　　　　〒108-8346　東京都港区三田2-19-30
　　　　　　　TEL〔編集部〕03-3451-0931
　　　　　　　　　〔営業部〕03-3451-3584〈ご注文〉
　　　　　　　　　　〃　　　 03-3451-6926
　　　　　　　FAX〔営業部〕03-3451-3122
　　　　　　　振替　00190-8-155497
　　　　　　　http://www.keio-up.co.jp/

印刷・製本・装幀―株式会社太平社
　　　　　　　ⓒ2003　Masao Sakurai
　　　　　　　Printed in Japan　ISBN4-7664-1012-2

慶應義塾大学出版会

レポート・論文の書き方入門 第3版
河野哲也著　書く前に読む決定版参考書。レポートや論文作成の新しい練習方法、注・引用の豊富な実例に加え、インターネットでの資料検索の方法、情報倫理やネット上の著作権の扱いなどについて注意点をまとめた項目を増補。　●1000円

情報リテラシー入門
慶應義塾大学日吉メディアセンター編　図書館の使い方からインターネット上の情報源の使い方まで、情報と知識を得る方法論の入門ガイド。　●1200円

文章理解の方法
浜田文雅著　難解な論文でも、文意のエッセンスである《命題》を見つけることにより容易に理解できる。具体例と共に「文章理解」のプロセスを図示。　●2136円

アカデミックライティング入門
―英語論文作成法―

磯貝友子著　大学生、社会人が初めて英語でレポート、論文を書こうとする際の最適の手引き。日本人の犯しやすい間違いも例示。卒論準備に必携。　●2000円

アカデミックライティング応用編
―文学・文化研究の英語論文作成法―

アンドルー・アーマー／河内恵子／松田隆美／ウィリアム・スネル著　テーマの見つけ方、論文のフォーマット、分析的論述の方法など具体例を挙げて解説。論文作成のためのワープロソフトの活用法も詳述。　●2000円

表示価格は刊行時の**本体価格**(税別)です。